à Jean ...

Judith Gautier

FLEURS D'ORIENT

Bibliothèque de romans historiques

Le volume in-18 jésus, broché, 3 fr. 50

La Conquête du Paradis, par Judith Gautier.

La Sœur du Soleil, par Judith Gautier. *Ouvrage couronné par l'Académie française.*

Le Capitaine Sans-Façon (1813), par Gilbert Augustin-Thierry.

La Savelli, *roman passionnel sous le second Empire*, par Gilbert Augustin-Thierry.

Hassan le Janissaire (1516), par Léon Cahun.

Cléopâtre, par Jean Bertheroy.

Salammbô, par Gustave Flaubert.

Les Gens d'Épinal (1423-1444), par Richard Auvray.

L'Élève de Garrick (1780), par Augustin Filon.

Cinq-Mars, par Alfred de Vigny.

Chronique du règne de Charles IX, par Prosper Mérimée.

Le roman du mont Saint-Michel, par Mme Stanislas Meunier.

Marguerites du temps passé, par Mme James Darmesteter, née Mary Robinson. *Ouvrage couronné par l'Académie française.*

Volontaire (1792-1793), par Jane Dieulafoy.

Zoroastre, par F. Marion Crawford. *Ouvrage couronné par l'Académie française.*

Pougatcheff, d'après le roman russe de Salhias de Tournemire, par R. Candiani.

La Chanoinesse (1789-1793), par André Theuriet.

Droits de traduction et de reproduction réservés pour tous les pays, y compris la Suède et la Norvège.

Coulommiers. — Imp. Paul Brodard.

BIBLIOTHÈQUE DE ROMANS HISTORIQUES

FLEURS
D'ORIENT

PAR

JUDITH GAUTIER

PARIS

ARMAND COLIN ET Cie, ÉDITEURS

5, RUE DE MÉZIÈRES

Tous droits réservés.

FLEURS D'ORIENT

ZULEIKA

I

Le Nil coulait lentement, dans le silence de la nuit, entraînant le reflet brisé des larges étoiles qui tachaient l'éther obscur du ciel.

Et, pareille à un autre fleuve, une caravane, profitant de la fraîcheur nocturne, cheminait en bon ordre sur l'une des rives.

Parfois, un cri s'élevait, activant l'allure d'une bête de somme; le claquement d'un fouet déchirait le silence, et le rythme d'un trot momentané sonnait sourdement sur le sable.

La caravane voulait entrer à Oph, la ville royale des Pharaons, avant le lever du soleil; elle se hâtait, mais déjà le ciel blémissait, les étoiles s'effaçaient une à une; les objets apparaissaient, sans couleur encore, mais découpant leurs silhouettes noires sur l'atmosphère éclaircie.

Les chameaux, cambrant leur long col et balançant leurs têtes aux lèvres pendantes, les ânes, disparaissant à demi sous leurs charges et harcelés par leurs conducteurs, les chariots, tirés péniblement par de grands bœufs qui mugissaient par instants, se dégageaient de plus en plus de l'ombre.

Bientôt les ibis roses, qui dormaient un pied dans l'eau, fouettèrent l'air de leurs grandes ailes et étirèrent leurs membres; des gypaètes s'envolèrent avec des cris aigus, le Nil s'éclaira, en même temps que le ciel, et un faisceau de rayons d'or jaillit de l'horizon oriental.

Alors, la caravane s'arrêta, tous les hommes se prosternèrent, la face tournée vers l'Orient, et, se répondant les uns aux autres, entonnèrent l'hymne matinal.

« O Ra! Seigneur du rayonnement, brille sur la face d'Osiris!

« Qu'il soit adoré au matin et qu'il se couche le soir; que son âme sorte avec toi hors de la nuit; qu'il vogue dans ta barque; qu'il aborde dans l'arche; qu'il s'élève dans le ciel!

« Salut à toi, Ra Haremku Khepra! qui existes par toi-même! Splendide est ton lever à l'horizon; les deux mondes s'illuminent de tes rayons; le diadème du midi et le diadème du nord sont sur ton front.

« Je viens à toi, je suis avec toi pour voir ton disque chaque jour. Je ne suis pas enfermé, je ne suis pas repoussé. Mes membres se renouvellent à l'éclat de tes beautés, car je suis un de tes favoris sur la terre.

« Salut à toi, qui brilles à l'horizon le jour, et

qui parcours le ciel, uni à la déesse Ma. Tous les hommes se réjouissent de te voir marchant vers eux; dans ton mystère ils prospèrent, ils progressent, ceux qui sont éclairés de tes rayons.

« O inconnu! Incomparable est ton éclat; tu es le pays des Dieux! On voit en toi toutes les couleurs de l'Arabie!

« O soleil, qui n'as pas de maître! Grand voyageur à travers l'espace! Les millions et les centaines de mille lieues, en un instant tu les parcours; tu disparais et tu subsistes, ô Ra qui te lèves à l'horizon!

« Gloire à toi, qui brilles dans le Nun, qui as illuminé les deux mondes le jour où tu es né, enfanté par ta mère de sa propre main; tu les illumines, tu les divinises, grand illuminateur qui brilles dans le Nun! »

Tandis que tous étaient agenouillés et glorifiaient le resplendissant soleil, en tendant les bras vers lui, un jeune homme dont le costume était différent de celui de ses compagnons et qui semblait d'une condition au-dessus de la leur, demeura debout et ne prit point part à la prière. Un sourire empreint d'un vague mépris errait même sur ses lèvres, lorsque ses yeux s'abaissaient vers le groupe prosterné et pieux; alors, relevant le front, il fixait son regard clair sur le soleil, et en supportait l'aveuglante clarté d'un air de défi et d'orgueil.

Bien qu'il eût l'aspect d'un maître, ce beau jeune homme ne semblait pas commander aux gens qui formaient la caravane.

C'étaient des marchands qui colportaient du natrum, de la myrrhe, de la poudre de santal et toutes sortes d'aromates et de plantes médicinales, et qui quelquefois aussi, par occasion, revendaient des esclaves.

Lorsqu'il plut aux marchands de se remettre en marche, le jeune homme marcha parmi eux sans se plaindre, bien qu'il parût très las et peu accoutumé à la fatigue.

Bientôt les pointes roses des obélisques se

dressèrent dans la pureté du ciel ; les murailles, les portes, les palais d'Oph la Grande se montrèrent des deux côtés du fleuve, et la caravane entra dans la ville qui commençait à s'éveiller.

Le jeune étranger, stupéfait de la magnificence du tableau qui se présentait à lui, regardait avec une admiration croissante Oph, qui resplendissait superbement au soleil levant.

— Dieu de mes pères ! s'écria-t-il, extasié, jamais pareille merveille n'a frappé mes yeux. Mon chagrin s'adoucit devant cette splendeur. Je me confie à toi, Dieu d'Abraham ! Et j'entre sans crainte dans cette ville où je serai esclave, car tes desseins sont impénétrables.

II

Quelques heures plus tard, l'étranger fut vendu sur la place publique, et celui qui l'acheta était Putiphar, ministre du Pharaon.

— Comment te nommes-tu? demanda-t-il à son nouvel esclave, en l'emmenant avec lui dans son char.

— Je suis Joseph, fils de Jacob, et je ne suis pas né en servitude.

— Mon joug te sera léger ou pesant selon tes mérites, dit Putiphar. Je suis un maître doux et humain, mais sévère, s'il le faut, et plein de justice.

Le char entra bruyamment dans la cour de la somptueuse maison de Putiphar, les serviteurs s'empressèrent autour du maître et continrent les chevaux impatients, couverts d'écume.

Attirée par le tumulte de l'arrivée, une femme parut sous le portique du palais, accompagnée d'un groupe de servantes qui portaient des éventails de plumes emmanchées à des hampes d'or. Elle se tint au haut des marches, se détachant lumineusement sur le fond plus sombre du portique, et sourit à Putiphar qui lui fit un signe de la main.

Cette femme était belle et jeune encore. Son visage un peu large, aux pommettes accentuées, à la bouche épaisse et pourprée, aux yeux énormes agrandis encore par deux lignes d'antimoine, avait une excessive fraîcheur de vie! Un morceau d'étoffe cannelé et traversé de fils d'or était disposé sur son front et le long de ses joues, comme la coiffure des sphinx. Un pectoral de pierreries brillait sur sa poitrine; ses bras ronds et bruns étaient cerclés aux poignets et aux épaules par des bracelets d'émaux : sa robe, nouée sous le sein et bridant un peu sur les hanches, était d'une étoffe de lin à rayures obliques, bleues, vertes et noires.

— Repose-toi aujourd'hui, dit Putiphar à Joseph ; demain je t'établirai dans tes fonctions.

Et il monta les marches en entourant d'un bras la taille de sa femme, qui se pencha vers lui et lui dit à l'oreille, en regardant Joseph à la dérobée :

— Quel est donc cet étranger ?

— C'est un esclave d'Arabie, dit Putiphar. Je l'ai acheté aujourd'hui même.

Un mois s'était à peine écoulé, et Joseph était devenu l'intendant de Putiphar ; tout prospérait sous sa direction ; le Maître avait pris son esclave en grande amitié et lui donnait toute sa confiance.

III

Dans l'appartement des femmes, délicieusement frais et embaumé, ouvrant sur une cour intérieure, dont le centre creusé en bassin est plein d'une eau limpide, Zuleïka, l'épouse de Putiphar, a réuni tout un groupe caquetant de nobles amies.

Les piliers trapus aux chapiteaux fleuris, peints de couleurs alternées, jettent leurs ombres; l'eau baise doucement les marches de marbre noir et reflète, en frissonnant, les peintures de la colonnade et des hautes corniches.

Toutes ces femmes sont étendues sur des coussins de cuir bleu, gonflés du duvet des fleurs de chardon, les unes à plat ventre, appuyées sur leurs coudes, d'autres renversées, les bras arrondis au-dessus de leur tête, quelques-unes le torse droit et le dos contre un pilier. Seule, Zuleïka est debout et parle avec animation, interrompue fréquemment par un cliquetis de voix claires.

En ce moment, ces jolies Égyptiennes parlent toutes à la fois, et le tumulte, qui monte de la cour intérieure, effraie un gypaète perché au sommet d'un pyramidion de granit, et le fait s'envoler, rose sur le ciel d'un bleu profond, avec un cri discordant.

— Tu n'entends pas dire qu'il est plus beau que Pentaour, l'œris du Pharaon?

— Nos princes sont les plus beaux du monde, tu ne nous feras pas croire qu'il surpasse ceux dont la vipère royale orne le front.

— J'en connais qui n'ont pas un défaut.

— J'en ai rencontré qui vous prenaient le cœur à première vue.

— Il en est dont on rêve, pour s'être croisé avec leur barque sur le Nil.

— Qu'a donc celui-ci de si merveilleux?

— Est-ce l'expression de son regard?

— Est-ce son sourire?

— Est-il très grand?

— Sa voix est-elle séduisante?

Zuleïka se boucha les oreilles des deux mains, en rentrant sa tête dans ses épaules, puis elle s'écria, lorsque le bruit se fut un peu calmé :

— Il est plus beau que les princes, plus beau que Pentaour, plus beau qu'Osiris et Horus sur leurs trônes célestes; sa présence est un enchantement, sa démarche un sortilège, sa voix une musique; qui l'a vu le revoit sans cesse; son regard est un fer rouge qui vous blesse au cœur...

Les jeunes voix éclatèrent de nouveau.

— Elle est folle d'amour! La passion l'aveugle...

— Elle est perdue, on lui a jeté un sort.

— Que le grand-prêtre vienne dire les formules magiques. Qu'il se hâte!

— Comment la croire, avec ses yeux éblouis d'amour? Son bien-aimé est sans doute fort ordinaire.

— Peut-être est-il louche et édenté...

— Avec une épaule bossue...

— Et une jambe de travers.

Et les rires s'égrenèrent, comme des gouttes d'eau dans un bassin.

L'une des rieuses se leva et, les bras étendus, cria le plus fort qu'elle put :

— Si elle veut nous convaincre, qu'elle nous montre cet homme incomparable.

— C'est cela! c'est cela : qu'elle nous le montre! s'écria toute l'assistance en battant des mains.

Celle qu'on interpellait ainsi garda un moment le silence, puis, frappant du pied et relevant le front :

— Eh bien, oui, dit-elle, vous le verrez!

Elle appela un esclave et lui parla bas, et l'esclave s'éloigna.

Les jeunes femmes se taisaient maintenant, rajustant leurs coiffures et les plis de leurs vêtements, inquiètes de paraître belles à celui qu'on disait si beau. Elles pensèrent aussi à avoir une contenance, un air indifférent et distrait, elles tendirent la main vers des corbeilles en bois odorant, pleines de beaux fruits mûrs, et, prenant des couteaux d'airain, commencèrent à peler lentement les pulpes tendres.

Bientôt l'esclave revint ; il souleva une portière de sparterie et s'effaça contre la muraille. Un pas nerveux sonnait sur les dalles.

Toutes les jeunes femmes, la bouche entr'ouverte, dardaient leurs regards vers l'entrée.

Joseph parut dans le cadre de la porte.

De haute taille, fier, malgré l'attitude soumise et réservée qu'il gardait, et, en dépit de son costume modeste, d'une incomparable beauté.

Son teint avait un éclat et une transparence dont le charme frappait tout spécialement les yeux accoutumés au bronze des peaux égyptiennes. Sa chevelure souple, bouclée, flottait légèrement jusqu'à son cou, et une barbe naissante mettait des ombres délicieuses autour de sa bouche.

Dans le grand silence qui accueillit l'entrée du jeune Hébreu, quelques cris furent étouffés, et plus d'une porta brusquement le doigt à ses lèvres, comme pour sucer une blessure, ou enveloppa vivement sa main dans le pan de sa robe. C'est que les couteaux d'airain, mal dirigés par les belles curieuses, ébahies d'admiration, avaient entamé la chair délicate, au lieu de peler le fruit.

Joseph salua en posant sa main sur son cœur, puis sur son front.

— J'attends tes ordres, maîtresse, dit-il.

— Je n'ai pas d'ordres à te donner, jeune étranger; c'est une idée qui m'est venue, que tu dois souffrir cruellement, toi né pour commander, d'être esclave loin de ton foyer, et je voulais te demander s'il n'est rien, en mon pouvoir, qui puisse adoucir ta servitude.

— Sois louée pour cette compassion, répondit le jeune homme, et rassure ton cœur, je suis heureux, autant que je puis l'être dans mon malheur, grâce à la confiance et à la bonté du maître.

— Taire sa blessure n'est pas guérir; supporter la peine qui pourrait être pire, n'est pas le bonheur. Confie-toi à nous sans crainte et dis-nous tes désirs secrets.

Joseph releva ses longs cils, qu'il tenait baissés, et découvrit brusquement la lueur bleue de son regard, singulièrement dominateur.

— Je suis dans la main de Dieu, dit-il; ses desseins sont insondables. Je n'ai rien à désirer dans le présent, et je courbe le front sous les menaces de l'avenir.

— L'avenir est-il menaçant? dit vivement Zuleïka; que peux-tu redouter, au milieu de nous?

— Par deux fois, un songe m'a averti que de ce palais je roulerai dans un abîme, sans qu'aucune branche puisse s'offrir à ma main pour me sauver; je me soumets aux volontés de Dieu.

— Tu crois aux vaines folies des rêves?

— Je sais expliquer les songes, dit Joseph gravement.

Et il ajouta :

— Permets que je retourne à mon labeur, pour exécuter les ordres du maître.

— Va! dit-elle avec un long soupir.

Le jeune homme se recula dans l'ombre de la porte, et la draperie retomba.

IV

A quelque temps de là, un jour de chaleur accablante, Joseph se reposait dans le jardin de son maître, sous une touffe de mimosas, près d'un bassin de marbre rose. Il regardait, rêveusement, un ibis immobile au bord du bassin et qui semblait taillé dans la pierre, tant la couleur de son plumage se confondait avec le ton de chair du marbre.

Tout à coup il fut tiré de sa rêverie par un pas léger qui froissait le sable.

Il leva la tête et vit la femme de son maître qui dirigeait sa promenade vers le lieu où il était assis.

Elle s'approcha de lui, avant qu'il eût eu le temps de se lever, et le salua d'un sourire.

— Tu songeais à ton pays, jeune étranger, dit-elle; bien que tu sois presque le maître ici, tu regrettes la liberté?

— Je ne regrette rien, auprès d'un maître tel que le mien, dit Joseph.

— Mais, sans doute, tu as laissé là-bas quelque amour nouvellement éclos, et ton cœur est loin de nous?

— Aucun amour ne rappelle mon souvenir vers mon pays, dit-il.

— Je gagerais alors, s'écria-t-elle avec un sourire de joie, que bien des femmes se consument pour toi et gémissent de ton absence.

Puis elle ajouta plus bas, en le regardant avec tendresse :

— Il me semble, à moi, que si tu t'en allais, je mourrais de tristesse. Ne plus voir ton regard d'épervier, ni ta bouche qui semble une fleur humide, ni ton corps souple qui se meut avec tant de grâce, cela est hors de mon pouvoir. Avec toi, ma vie s'en irait.

Joseph rougit à ce discours qui le surprit et l'embarrassa.

Elle se méprit à son trouble, qu'elle jugea l'émotion d'une joie inattendue, et elle approcha vivement ses lèvres de l'oreille de Joseph.

— Aime-moi, dit-elle; moi, je t'aime déjà de toute mon âme. Je te ferai une vie délicieuse, tu seras le maître, le dieu; c'est moi qui deviendrai l'esclave.

Joseph se leva, épouvanté.

— Est-ce que cela est possible? s'écria-t-il, mon maître a en moi toute confiance; après lui, nul n'est plus grand que moi dans sa maison; il ne me demande compte de rien, ne me cèle rien; rien ne m'est interdit, que toi, qui es sa femme; et je trahirais un tel maître, je commettrais un crime aussi odieux?

Et le jeune esclave s'éloigna, sans vouloir entendre davantage la femme de Putiphar.

V

Depuis ce jour, Joseph évita soigneusement de se trouver seul avec Zuleïka. Lorsqu'il était obligé d'être en sa présence, il ne la regardait jamais, bien qu'elle ne le quittât pas des yeux et poussât des soupirs déchirants.

Une fois, il se croisa avec elle sur un escalier du palais; elle descendait, lui montait.

Elle s'avança vivement et saisit les mains de Joseph avant qu'il eût pu s'en défendre.

— Regarde-moi, lui dit-elle d'une voix sourde; vois mes yeux rougis par les larmes, vois mes tempes meurtries par la fièvre; je pleure tout le long du jour, et la nuit je me tords sur mon lit, comme une couleuvre sur un brasier. Je t'appelle et je t'implore en vain. Tu n'as donc qu'un cœur de tigre dans ta belle poitrine unie comme du marbre?

Putiphar parut au pied de l'escalier; alors elle laissa Joseph et continua à descendre.

VI

Un jour de moisson, tous les serviteurs étaient hors du palais. Joseph entra dans une chambre pour prendre un papyrus qu'il y avait laissé.

La femme de Putiphar était dans cette chambre, assise sur un lit très bas.

— Tu cherches ton papyrus, dit-elle, le voici.

Et elle tendit le rouleau à Joseph.

Celui-ci, sans défiance, s'approcha d'elle, pour le recevoir de sa main; mais alors elle lui jeta ses bras autour du cou, et l'étreignit si violemment contre sa poitrine qu'il ne put se dégager.

— Je t'en supplie, ne me fuis pas, s'écria-t-elle, aie pitié de moi, ne sois pas plus cruel que les crocodiles du Nil! Que t'ai-je fait? Je t'aime, je me courbe à tes pieds et toi, tu me repousses, tu me tortures.

— De grâce, dit Joseph d'une voix ferme, laisse-moi, si tu ne veux pas que j'use de ma force pour me dégager de ton étreinte. Tes bras frêles rompraient dans ma main; éloigne-toi, je t'en conjure, pour éviter que je te brise.

Mais elle ne prit pas garde à ses paroles et se serra plus étroitement contre lui.

— Je baiserai au moins une fois cette bouche charmante, dit-elle, en collant ses lèvres sur les siennes.

Joseph sentait sa raison lui échapper; il s'engourdissait, comme un oiseau sauvage manié par une main tiède.

Cependant, d'un effort violent, il délia cet

enlacement tenace et repoussa loin de lui la femme de son maître. Mais elle se retint à un pan de son manteau.

Joseph défit vivement l'agrafe de ce vêtement et, le laissant entre les mains de Zuleïka, il s'enfuit hors de la chambre, hors du palais.

L'Égyptienne, ainsi repoussée par un esclave, entra alors dans une colère folle; elle se roula à terre, se déchira le visage, cria, pleura, se mordit les poings, et jura de se venger.

Son mari la surprit dans cet état de fureur.
— Qu'as-tu donc? dit-il. Que t'est-il arrivé?
— Tu le demandes? dit-elle. Eh bien! je vais te l'apprendre : sache que cet esclave, que tu chéris tant et que tu as comblé de tant de biens, profitant de l'absence de tes serviteurs, a voulu me faire violence et abuser de moi. Regarde; voici son manteau qui témoigne contre lui.

En entendant cela, Putiphar entra dans une colère égale à celle de sa femme; il brisa plusieurs objets et maudit cent fois sa confiance. Puis il fit rechercher Joseph et, sans vouloir l'entendre, le fit jeter en prison.

VII

Trois ans après cet événement, la femme de Putiphar se promenait tristement au bord du Nil avec ses femmes et quelques eunuques.

Elle songeait à Joseph, disparu de sa vie, mais qui était sa pensée constante. Elle ne pouvait revenir sur sa vengeance, car il eût fallu avouer qu'elle était la seule coupable; et elle avait le regret amer de ce temps où du moins elle pouvait le voir tous les jours, respirer le même air que lui.

Quelquefois pourtant l'outrage lui remontait au front et elle se réjouissait de la vengeance.

Ce jour-là, morne, pâlie, la tête basse, plus écrasée que jamais sous le poids de son vain amour, elle errait lentement au bord du Nil.

Tout à coup, un cortège triomphal déboucha d'une rue, et elle s'arrêta machinalement pour le voir passer.

Des hérauts marchaient en tête, proclamant les dignités du triomphateur.

Pharaon, préféré d'Ammon-Ra, dit :
« Puisque Dieu t'a fait connaître les choses mystérieuses, et que tu m'as révélé mes songes, tu seras sur ma maison, et tout mon peuple te baisera la bouche; moi seul serai plus grand que toi sur mon trône.

« J'ai ôté mon anneau de ma main et je l'ai mis dans la tienne, et je t'ai fait revêtir d'habits de fin lin, et je t'ai passé un collier d'or au cou. Tu monteras sur un char magnifique, le plus beau après le mien, et l'on criera qu'on s'agenouille devant toi.

« Tu t'appelleras : Tsaphenath-Pahanéa, et je te donne pour femme Ascenath, fille du grand-prêtre d'On. Sans ton ordre, nul ne fera un geste dans tout le pays d'Égypte. »

Lorsque le char de triomphe s'avança et que Zuleïka aperçut celui qui le montait, beau, calme, resplendissant de parures, elle reconnut Joseph, l'esclave, qui l'avait méprisée et qu'elle croyait écrasé sous sa vengeance.

Ce fut un choc terrible, un éblouissement, une torture et une joie. La honte et le désir lui gonflèrent le cœur à tel point qu'il lui parut se briser, répandre en elle une onde brûlante, qui la terrassa.

Mais cette brûlure, par sa violence, la purifiait. Elle se sentait, en même temps, anéantie et régénérée.

Tandis, qu'affaissée au bord de la route, elle regardait s'éloigner celui qui triomphait sans orgueil, qui avait brillé, aux yeux de tous, comme un flambeau dans la nuit, l'esclave inconnu devenu le maître de l'Égypte, parce qu'il n'avait marché que vers la perfection, elle comprit enfin l'amour véritable; l'amour hors de la chair, hors de la vie, hors du temps. Elle comprit que si le bien-aimé la fuyait, c'était pour lui montrer la voie, l'entraîner vers les hauteurs célestes, où seulement elle pourrait le joindre, peut-être, après d'innombrables siècles d'efforts, de larmes et de prières, quand elle serait devenue tout clarté et tout amour, qu'elle mériterait enfin de s'abîmer, goutte de lumière, dans l'infinie lumière, parcelle d'amour dans l'amour illimité, qui est le ciel.

LE LIVRE DE THOT

CONTE MAGIQUE

I

Le beau jeune homme courait le long du Nil, évitant les obstacles, écartant brusquement ceux qui gênaient son passage, soulevant des murmures, poursuivi quelquefois même par une injure, qu'il ne semblait pas entendre.

Il était entré à Memphis au moment où le soleil levant faisait toutes roses, au loin, les pyramides, et il suivait la berge, encombrée de marchandises, de bestiaux, de volailles, d'énormes tas de légumes et de fruits, que l'on débarquait, pour les distribuer, ensuite, aux différents marchés de la grande ville.

Le fleuve était tout bariolé de barques, de canges, de radeaux conduits par des hommes au torse nu; et, à l'approche des débarcadères, c'était une bagarre inextricable, des disputes, des voies de fait, dans lesquelles les rames ruisselantes étaient brandies et retombaient sur les crânes. Parfois, un chargement chavirait, au milieu des imprécations et des rires.

Le jeune homme ne prenait garde à rien, léger et agile, il courait toujours, suivi de tous par des regards surpris et inquiets; un ânier, même, qui poussait devant lui ses bêtes, chargées de peaux de chèvre pleines de vin, s'arrêta, se haussant sur les pointes, pour voir, par-dessus les têtes, si quelqu'un ne poursuivait pas ce fuyard : un voleur peut-être.

Quelqu'un le poursuivait en effet, le suivait plutôt, s'efforçant non de l'atteindre, mais de ne pas le perdre de vue. C'était un homme d'un âge déjà mûr, un peu replet, aux mains fines, au visage noble et pensif, qu'en ce moment une expression d'angoisse contractait.

Cependant, quand il eut vu celui qu'il ne quittait pas des yeux disparaître à l'angle de l'esplanade du Temple d'Isis, tout haletant, il ralentit sa marche et essuya son visage luisant de sueur dans un pan de sa robe de lin blanc. Il était sûr d'atteindre le jeune homme maintenant, et il semblait rasséréné. En effet, quand il déboucha à son tour sur la place du temple, il vit le fugitif assis sous un groupe de palmiers, le coude au genou, le front dans sa main, et si absorbé qu'il fallut le toucher à l'épaule pour attirer son attention.

— Horus, mon frère bien-aimé, pourquoi me fais-tu cette peine?

Le jeune homme, en tressaillant, s'écria :
— Aménâa! tu m'as suivi!
— J'avais cru deviner un projet funeste. Me suis-je trompé?

Horus baissa la tête, silencieux.
— Tu voulais mourir?...
— Je le veux encore! s'écria-t-il avec véhé-

mence, cet amour me brûle et m'étouffe, il écrase mon cœur comme si la grande pyramide pesait sur lui. Vivre ainsi, c'est mourir cent fois en un jour. Je ne peux plus... J'ai couru jusqu'au seuil du temple, pour la revoir une dernière fois, afin d'emporter son image dans la Bonne Demeure.

— Ah! méchant! méchant! dit Aménâa dont les yeux rougissaient de larmes, c'est ainsi que tu récompenserais toute l'affection que j'ai eue pour toi?... N'ai-je pas été le Père et la Mère, trop tôt disparus de ce monde? N'ai-je pas, pour égayer ta jeunesse, négligé mes plus chers travaux? Et, pour te conquérir ce jouet d'amour dont le désir t'affolait, ne me suis-je pas privé de sommeil, plongé dans l'étude des grimoires, afin d'arracher aux dieux le secret de la puissance?...

— Mais voilà, tu n'as pas réussi! dit Horus en soupirant.

— Qu'en sais-tu?

Le jeune homme se leva, les yeux pleins de flamme.

— Oh! parle! parle! mon frère! Scribe Excellent!

Aménâa le fit se rasseoir, se mit à côté de lui, le contemplant.

— Tu es prédestiné à l'amour, dit-il, la nature t'a formé pour lui de toutes les grâces, tu ne peux souffrir et vivre que par l'amour; mais aussi, il émane de toi comme l'arome s'exhale du lotus. Qu'elle te voie, cette princesse, si inaccessible pour toi; que tes yeux, qui ont la couleur du lapis-lazuli vrai, se lèvent une seule fois sur les siens; que la fleur mystérieuse de ton sourire éclose pour elle, et, j'en réponds, son cœur sautera d'un bond la distance qui la sépare de toi.

— Ton amitié pour moi t'aveugle, dit Horus, et même fût-elle clairvoyante, Tantyris serait-elle touchée par ma souffrance, elle ne pourrait que la partager. Jamais je ne passerai un jour heureux avec elle. L'atteindre seulement est impossible : je serai tué par les gardes, avant d'approcher son ombre sur les dalles.

— Tu t'approcheras d'elle sans rencontrer aucun obstacle, dit Aménâa, je réciterai sur toi... ce que je réciterai de mon grimoire, et tu seras, quelques moments, invisible, pour tout autre que pour elle.

— Ah! mon frère, est-ce bien possible, cela?... la voir de tout près! boire l'air qui l'enveloppe! entendre sa voix, peut-être!... je n'espérais pas une joie si grande avant de mourir.

— Il ne s'agit pas de mourir, dit Aménâa avec impatience, écoute bien maintenant ce que tu devras lui dire.

Mais Horus n'écoutait plus.

Des trompettes et des sistres annonçaient l'arrivée de la princesse Tantyris, fille du pharaon Ousirmari-Sotpouniri, fils du Soleil, Ramsès Miamoun, aimé d'Amonrâ; elle venait offrir un sacrifice à Isis, la Puissante Mère.

Sur son passage, la foule courait, criant la formule de bénédiction :

— Vie! Santé! Force!

Mais les hérauts faisaient la place libre,

devant le palanquin en bois d'ébène orné de peinture d'or, dont les brancards posaient sur les épaules de huit porteurs qui avaient les cheveux coupés en forme de calotte, selon une nouvelle mode éthiopienne, et dans lequel était assise Tantyris, pareille à une divinité.

De chaque côté, des serviteurs tenaient les hampes dorées d'écrans roses, en plumes d'ibis, et cent jeunes filles, vêtues de tuniques de gaze blanche, marchant en deux files, accompagnaient la princesse.

Des prêtres s'avancèrent, hors de l'ombre des colonnades, d'autres vinrent recevoir l'offrande pour le sacrifice : un taureau, une oie et des outres de vin.

Alors la princesse descendit et, suivie des cent jeunes filles, pénétra dans le temple.

II

Horus se glissa jusqu'à un des obélisques qui précédaient le parvis, n'osant pas se croire vraiment invisible; mais, comme nul ne le remarquait, il s'avança alors sans hésiter et s'adossa à un pilier, tout près de la porte principale du temple. Là, il attendit que, sa prière finie, Tantyris, s'en retournant, passât devant lui.

Le cœur gonflé d'émotion, il se remémorait le discours que son frère Aménâa venait de lui apprendre, et, si proche du moment décisif de sa vie, il lui semblait que les minutes tantôt étaient longues comme des années, tantôt s'envolaient dans un vertige.

Les trompettes sonnèrent de nouveau, les jeunes filles sortirent du temple et la princesse, après elles, s'avança.

Horus fit un pas, s'agenouilla, lui barrant la route. Mais, à la contempler de si près, il oublia son discours, il oublia la terre et le ciel.

Elle était vêtue, par-dessus sa tunique de gaze, d'une résille en perles multicolores, coiffée d'un léger casque en plumes de pintade, et l'air, autour d'elle, s'imprégnait d'enivrantes senteurs.

— Que fais-tu là, jeune inconnu? pourquoi m'empêches-tu de passer? dit-elle d'une voix plus surprise que courroucée.

— O palme d'Amour! s'écria-t-il en joignant les mains, ô royale jeune fille, plus superbe que l'épervier des monts du soleil! tu as empourpré ma vie comme le vin qui se mêle à l'eau, tu l'as embaumée comme un parfum répandu sur une trame, tu la brûles comme la flamme dévore le sarment...

Tantyris se recula dans son orgueil.

— Ignores-tu qui tu outrages? dit-elle, avec une lueur de glaive dans ses longs yeux sombres.

Comme celui qui se noie remonte sur l'eau quand il a touché le fond, Horus revint à lui, immergea de l'ivresse, et dit, tout à coup calme et lucide :

— Ce que tu es, je le sais. Toutes les richesses, tous les pouvoirs terrestres sont à toi; et cependant, moi Horus, obscur mortel, frère bien-aimé du magicien Aménâa, je puis te donner plus encore. Aucun prince, aucun roi du monde, certes, n'oserait tenter ce que je veux tenter pour te conquérir.

Tandis qu'il parlait, toujours agenouillé, elle penchait la tête vers lui, honteuse d'éprouver un engourdissant plaisir à plonger ses regards dans ces prunelles, couleur du ciel nocturne, qui se levaient vers elle si rayonnantes.

— Qu'est-ce donc?

— Je sais en quel lieu du monde est le

Livre de Thot, le livre magique, que le Dieu a écrit de sa propre main, et qui place celui qui le possède immédiatement au-dessous des dieux. Deux formules y sont écrites. Si tu récites la première, tu charmeras le ciel, la terre, toute la nature; si tu lis la seconde formule, tu verras tout le cycle des dieux, dans leurs formes divines, et, même si déjà tu es dans la tombe, tu pourras ranimer ta forme terrestre :

— Où donc est-il, ce livre merveilleux? demanda Tantyris.

— Il est dans le sarcophage où repose Noferkephtah, fils du roi Minibphtah; il l'a conquis à grand'peine, et emporté avec lui dans le tombeau. C'est là que j'irai le prendre, pour te le donner en échange de ton amour, qui vaut pour moi plus que les heures d'éternité.

— Je jure par Phtah qu'il en sera ainsi, dit-elle, apporte le livre magique, et tu seras mon époux!... Mais que de dangers! tu périras peut-être!...

— Je descendrai dans l'Amenti! s'écria Horus, en se relevant, je braverai toutes les épouvantes de la Région Cachée; si je péris, mon tourment finira avec moi; si je triomphe, je te rapporterai le trésor par lequel je serai plus fortuné qu'un Dieu.

Il s'éloigna, tournant la tête pour la voir encore, tandis qu'elle oubliait de descendre les degrés et le suivait des yeux, en se disant :
— Celui-là, certes, emporte mon cœur, et ce n'est pas le Livre de Thot que je vais attendre avec angoisse et espérance.

III

La nuit bleue et la scintillation des étoiles éclairaient à demi les gorges arides de la nécropole de Memphis, et, bondissant pardessus les roches éboulées, les chacals s'enfuyaient en faisant claquer leurs mâchoires faméliques, les oreilles dressées à un bruit vivant, au milieu du silence funèbre.

Depuis bien des heures déjà, Horus et son frère Aménâa, le Scribe Excellent, erraient dans la ville des morts, lesquels, redoutant par-dessus tout la visite des vivants, cachent leurs demeures.

Et ils auraient pu errer ainsi des nuits, des jours et des ans, sans découvrir jamais l'entrée du tombeau qu'ils cherchaient, si Aménâa n'avait tenu entre ses mains un bâton magique.

Ils allèrent ainsi, entre les parois crayeuses dont la pâleur blanchissait la nuit, jusqu'au moment où le bâton frissonna, et orienta sa pointe vers un quartier de rocher qui semblait s'être détaché de la montagne.

— C'est ici! dit Aménâa.

— Hélas! s'écria Horus, comment pourrons-nous déplacer cette énorme pierre? Nos muscles seront rompus avant qu'elle ait seulement oscillé!

— La verge magique centuple ma force, et c'est un levier qui ne rompt pas.

Sans effort, Aménâa fit basculer le rocher et découvrit l'entrée du souterrain; mais, dès qu'ils y eurent pénétré, le rocher retomba, refermant l'ouverture.

— Qu'importe! s'écria Horus. Si nous nous emparons du livre miraculeux, tous les obstacles tomberont devant nous, sinon : que le tombeau nous garde !

Et, intrépide, il marcha, le premier, dans la galerie qui s'enfonçait sous la montagne.

Une pénombre étrange, blême, verdâtre et molle, régnait dans cette Région Occidentale, telle, les nuits de lune décroissante, les poissons la voient, peut-être, au fond du Nil.

Lointaine, une clameur plaintive et tendre à faire pleurer les plus cruels, soudain s'épandit dans le silence; un lent et long hurlement, qui semblait traverser des harpes; un appel douloureux, qui grandit, devint terrible; puis, s'alanguissant, s'abîma dans un harmonieux sanglot.

Aménâa murmura :

— C'est Anubis l'aboyeur, le dieu lévrier, gardien des morts.

Et tous les simulacres des divinités, peints sur les parois, lentement, tournèrent leurs yeux vers les violateurs de la Bonne Demeure; tout s'émut au cri d'alarme d'Anubis : les statues secouèrent leurs emblèmes, les éperviers battirent des ailes; des angles de la haute salle, des femmes, levant leurs bras empennés, s'envolèrent, heurtant les voûtes, dans un effarement.

Une rumeur gronda, qui s'enflait, pareille au bruit des grandes eaux. Et les momies, rejetant le couvercle des sarcophages, se soulevaient sur une main et regardaient. Quelques-unes s'asseyaient au bord de la couche funèbre; d'autres surgissaient du sol, et, déchirant leurs bandelettes, s'enfuyaient; une foule bientôt tournoya, plaintive, épouvantée et menaçante.

Horus, sans hésiter, toujours avançait. Son frère l'avait rejoint, l'embrassait d'un de ses bras, le protégeait à l'aide de la verge magique.

Mais, soudain, ils eurent devant eux un lac sinistre, dont l'eau noire semblait du basalte liquide; un lac fait de tous les venins, de tous les poisons, des fièvres et des pestilences, et sur lequel flottaient une écume livide, des vapeurs mortelles.

Alors, tous ceux que les vivants sacrilèges avaient éveillés du grand sommeil, formèrent, derrière eux, comme une muraille qui de plus en plus s'avançait, les poussant vers l'eau putride, vers l'horrible engloutissement.

Et les flots se soulevèrent sous une poussée ; Sévek, le crocodile, maître de ce lac, émergea, ouvrit sa mâchoire avide, et la tint béante devant la proie certaine.

— O ! Aménâa, Scribe Excellent, dit Horus, c'est ici la fin de notre espoir. Me pardonneras-tu, toi dont je cause la mort ?

Mais Aménâa se baissa, il prit une poignée de limon qu'il modela entre ses mains. Il lui donna la forme d'un rat de pharaon, l'animal redouté du crocodile. Puis il récita un grimoire sur ce rat, qui devint vivant. Alors il le jeta dans la gueule du monstre, en disant :

— Crocodile, gardien du lac, si tu ne m'obéis, ce rat, que j'ai créé, va te dévorer le cœur ! Ce que j'ordonne, voici : sois pour nous un bateau docile qui nous porte sur l'autre rive.

Sentant déjà les morsures, le crocodile s'agita, pour rejeter son ennemi; mais, n'y pouvant parvenir, il vint se ranger le long du bord, comme un bateau docile.

Les deux frères montèrent sur le dos squameux et glissant. Ils naviguèrent sur le lac sinistre, tandis que toute la foule déçue des ombres, les voyant s'éloigner, s'agitait dans des torsions de désespoir.

Une grande clarté les attira, quand ils furent sur l'autre bord; ils marchèrent vers elle, et voici : c'était le Livre de Thot, le Livre de toute science, qui rayonnait comme une étoile, et éclairait le tombeau.

Horus courut à lui, les mains tendues.

Mais Nopherképhtah, le possesseur du trésor, surgit alors de son lit funèbre, et dit, d'une voix lente et morte qui glaçait le cœur :

— Que viens-tu faire?

— Je viens le prendre.

— Sache que, pour l'avoir dérobé, j'ai été privé de la durée, qui m'était due, des jours terrestres. Malheur à celui qui le possède!

— N'importe, il sera à moi.

Nopherképhtah abaissa sa main de momie, il la referma comme un étau sur le bras du jeune audacieux.

— Tu ne pourrais pas t'en emparer, dit-il, ose donc le jouer, avec moi, au *cinquante-deux*.

— J'oserai, dit Horus.

Alors le mort le lâcha en ricanant. Il poussa entre eux un damier. Et, au fond de la tombe, éclairés par le Livre Magique, ils jouèrent cette partie terrible.

Nopherképhtah gagna le premier coup. Aussitôt, il frappa Horus sur la tête, et le fit enfoncer, dans le sol, jusqu'aux genoux. Mais Aménàa vint se placer derrière son frère, il dirigea son jeu, et lui fit gagner le dernier coup.

— L'enjeu est à moi, s'écria Horus.

Et il porta la main sur le divin livre.

Nopherképhtah poussa un cri effrayant; il devint furieux comme une panthère du Midi, et s'élança sur le sacrilège.

Mais Aménâa se jeta devant lui, reçut le choc et soutint la lutte.

— Prends le livre, cria-t-il à son frère, sauve-toi, emporte-le, sans plus t'inquiéter de moi.

Horus s'empara de l'éblouissant trésor, et s'enfuit, emportant avec lui toute la clarté, tandis qu'avec des soupirs rauques et des râles, le vivant combattait contre le mort, dans les ténèbres du tombeau.

IV

Le palais du pharaon était comme une ville dans la grande ville, une merveille parmi les splendeurs.

C'était l'heure où le roi se divertissait, égayait son cœur et son esprit, en compagnie des femmes les plus belles du monde. Et, ce jour-là, on avait choisi, pour s'y réunir, les bords d'un lac ravissant, tout fleuri de lotus, aux rives ombreuses et dont l'eau limpide était couleur d'opale, d'ambre et d'émeraude.

Sous un kiosque aux légères colonnes de bois multicolore, le pharaon était assis, ayant auprès de lui Nofirouri, la grande épouse royale, et aussi leur fille bien-aimée, Tantyris, la princesse parfaite.

Sur le lac, naviguait une barque, qui avait la forme de Pik-ho, le serpent à face étincelante, gardien de la troisième heure du jour, et les rames, en bois d'ébène garni d'or, étaient tenues et manœuvrées par vingt jeunes filles, choisies belles parmi les belles. Elles étaient vêtues de tuniques de gaze, dont la trame légère laissait voir des gorgerins d'émaux et, ceignant les flancs, des baudriers d'or, ornés de pierreries. Sur leurs têtes, fleurissaient des lotus.

Le roi prenait plaisir à voir les efforts gracieux des vingt jeunes filles, quand, toutes ensemble, elles pesaient sur les rames, puis les levaient, tout emperlées, hors de l'eau; à contempler les beaux corps blancs, s'allonger, se pencher; à regarder la barque filer, virer, revenir.

Mais une rumeur, tout à coup, troubla et couvrit la voix des musiques cachées, qui rythmait le mouvement des rames.

Poursuivi par les gardes, armés de lances, mais qui n'osaient pas le frapper, un homme s'élança ; et gravissant les marches du kiosque, sans s'émouvoir de la majesté royale, il vint se jeter aux pieds de Tantyris.

En reconnaissant Horus, elle poussa un léger cri, et ferma à demi les yeux. Mais le cœur du roi devenait brûlant, ses regards roulaient la mort. La princesse, avant qu'il ait pu maudire, caressante, s'appuya sur son bras et lui dit :

— O père! Je t'en prie, ne dis pas de paroles funestes. Voici : j'ai juré, par Phtah, que celui-ci serait mon époux, s'il m'apportait l'Écrit Tout-Puissant, le Livre de Thot, que Nopherképhtah gardait jalousement dans le tombeau. Et vois, entre ses mains, le divin grimoire flambloie, brûle nos yeux.

Elle prit le livre, que Horus lui tendait, et le donna à Pharaon.

Le roi, tout ému et charmé, tint longtemps le livre avec respect, n'osant l'ouvrir. Puis il dit :

— Que d'abord mes Khri-Habi, les magiciens excellents, soient consultés.

Et il se fit apporter un coffret d'or pour y enfermer le trésor magique.

Pendant ce temps, les beaux fiancés, ne sachant plus dans quel lieu du monde ils se trouvaient, se regardaient avidement, dans une telle plénitude de joie, que le souvenir seul de cette joie aurait suffi à enchanter toute leur existence.

V

Le pharaon avait donné à Horus un palais digne d'un prince royal, avec tous les serviteurs, tous les dignitaires, soldats et richesses que ce rang exige.

Dès le lendemain, en grande pompe, on devait lui amener la divine Tantyris, l'épouse qu'il avait conquise. Et ce jour-là s'acheva au milieu des préparatifs des noces, que le roi voulait magnifiques.

Quand la nuit fut venue, la princesse, tout étourdie de bonheur, monta dans sa haute chambre, pour se reposer. Sa suivante favorite, Tméni, ce qui signifie l'hirondelle, la dévêtit, lui ôta ses parures, défit sa coiffure aux innombrables tresses, et, lorsqu'elle fut couchée, s'allongea en travers du lit, pour servir de coussin aux pieds charmants de sa maîtresse.

Trois musiciennes, jouant de la harpe, de la flûte et des crotales, exécutaient, sourdement, une mélodie languissante et douce, pour endormir la princesse ; mais, d'un geste, elle les congédia, afin de mieux entendre chanter sa rêverie, et de se laisser délicieusement rouler et bercer par les flots de son amour.

Alors, dans la salle paisible, confusément éclairée par des lampes voilées, le temps s'écoula.

Et vint l'heure funeste des cauchemars et des fantômes.

. . . .

Brusquement Tantyris s'éveilla, tremblante d'angoisse.

Au dehors, un grand bruit d'orage et de

tempête, à travers lequel elle croyait distinguer d'affreux cris, qui ne pouvaient être proférés par des bouches humaines.

Elle poussa du pied Tméni et voulut l'appeler, mais sa voix s'éteignit dans sa gorge.

Sous une rafale, la large fenêtre venait de s'ouvrir toute grande, et, dans les lueurs d'éclairs, une cohue d'êtres, blafards et effrayants, assiégeait l'ouverture et s'engouffrait dans la chambre. Glacée, comme morte, elle sentit qu'on l'enlevait de son lit, qu'on l'emportait à travers l'espace, et, subitement, elle perdit toute conscience d'elle-même.

VI

En s'éveillant, elle était encore émue par l'horrible rêve qui avait troublé son sommeil. Mais elle pensa à Horus, au jour heureux qui se levait et, en souriant, regarda autour d'elle.

O stupeur! elle était couchée dans le sable, aux pieds d'un colosse de granit, et, tout alentour : le désert!...

Elle se dressa, éperdue, avec un long cri d'épouvante.

C'était donc vrai? on l'avait arrachée de son lit, de son palais, emportée hors de la ville? et qui cela? des spectres!... Devenait-elle folle? ou bien était-ce encore un rêve?

Elle essaya de se calmer, de réfléchir :
— On va s'apercevoir de ma disparition, se disait-elle, tout sera en rumeur; la ville entière me cherchera. Où suis-je, d'abord?

Des degrés entaillaient le piédestal du colosse, elle les gravit et, de la hauteur, regarda.

Au loin, dans une brume fumeuse, violette, près du sol, et toute d'or sur le ciel pâle, des obélisques pointaient, des frises de temples se haussaient par-dessus les verdures et le moutonnement infini des maisons.

— C'est Memphis, la demeure de Phtah! s'écria Tantyris, qui descendit rapidement, et se mit à marcher dans la direction de la ville.

Longtemps, longtemps, elle marcha, sous le soleil, dans le sable qui brûlait ses pieds nus, souillée de poussière, lasse, lasse à mourir. Elle atteignit enfin une route; mais, ne sachant plus si ses pas saignants la rapprochaient ou l'éloignaient de Memphis, à bout de courage, elle se laissa tomber sur le rebord du chemin, et se mit à sangloter, la figure dans ses cheveux.

Un ânier qui passait, portant au marché deux couffes pleines de figues, s'arrêta devant elle, et lui demanda ce qu'elle avait. La princesse essuya ses larmes, reprenant espoir.

— C'est Isis qui t'envoie! dit-elle, jette là les paniers qui chargent ton âne, et conduis-moi au palais de Pharaon. Tu seras, alors, récompensé de telle façon que tu n'auras plus jamais besoin de retourner au marché.

— Tu as bien le ton du commandement, dit le paysan, mais tu n'as guère la mine de quelqu'un qui pourrait tenir de si belles promesses. Par humanité, je te conduirai; mais, par prudence, je ne jetterai pas mes figues.

Il prit les couffes sur son dos, installa Tantyris sur l'âne et, le guidant par la bride, se hâta vers la grande ville.

VII

— Voilà le palais du roi. Vie! Santé! Force! dit le paysan, après avoir cheminé plus d'une heure, mais une foule énorme se presse à l'entour; je ne puis approcher davantage.

Tantyris, pleine d'impatience, sauta à terre.

— Reviens quand tu voudras, lui cria-t-elle, dis au palais que c'est la fiancée qui t'envoie, et tu seras récompensé.

Elle s'enfuit, se glissant à travers la foule, qui faisait la haie, et elle s'élança sur la place libre, sans se soucier des huées dont on la poursuivait.

Ayant atteint le portique royal, elle voulut passer, mais les gardes la reçurent la pique haute. Brutalement ils la repoussèrent, la pourchassant, et elle serait tombée sous leurs coups, si un inconnu ne s'était jeté au-devant d'eux et ne l'avait reçue dans ses bras.

— Laissez-la, dit-il aux gardes, c'est ma sœur, elle a l'esprit égaré.

— Ne voyez-vous pas qui je suis? criait-elle, ne reconnaissez-vous pas votre princesse royale?

— Taisez-vous, dit l'inconnu en se penchant vers elle, on pourrait vous saisir et vous emprisonner; alors tout serait perdu. La malédiction, qui poursuit ceux qui possèdent le Livre, pèse sur vous.

En entendant cela, Tantyris regarda celui qui lui parlait. Il avait le corps tout lacéré et meurtri, comme si une bête féroce l'avait à moitié dévoré; mais la douceur de son regard et la noblesse de son visage inspiraient la confiance et le respect.

— Qui donc êtes-vous? dit-elle,

— Je suis le scribe Aménâa, le frère de celui qui, par amour pour vous, est descendu dans le tombeau.

— Ah! conduisez-moi vers lui, sauvez-moi! s'écria-t-elle.

— Mon frère ingrat ne me connaît plus, dit-il, il m'a laissé en proie au danger le plus terrible, sans même me donner une pensée.

— Il faut lui pardonner, c'est ma faute, j'avais pris tout son cœur...

— Ma vie est à lui, dit Aménâa; mais j'ai perdu mon pouvoir : la verge magique m'a été ravie. Horus doit maintenant, seul, subir l'épreuve. S'il triomphe, le bonheur pour vous; sinon, perdus à jamais!..... Attention! les musiques résonnent, le cortège nuptial s'avance.

— C'est pourtant là une noce qu'on ne peut célébrer sans moi! dit Tantyris.

— Tu le crois, eh bien! regarde.

Et, pâle d'horreur, la princesse vit s'avancer, après les orchestres et les danseuses, portée dans une litière magnifique, une autre Tantyris, toute semblable à elle-même, merveilleusement parée et rayonnante de joie.

— Il faut que Horus choisisse entre toi et elle, dit Aménâa. S'il se trompe, tout est fini. Va, cours vers ton père, et qu' Isis vous protège !

Le pharaon, dans un char tout orné d'or, marchait à côté de la fiancée.

Tantyris se jeta au-devant des chevaux, qui, effrayés, se cabrèrent, et elle sauta dans le char, s'abattit sur la poitrine du roi.

— Père ! père ! cria-t-elle, reconnais ton sang, sauve-moi de toutes ces épouvantes. Celle-ci n'est pas ta fille, c'est un fantôme horrible, qui usurpe ma forme et prend ma place !

— Ma fille ! murmurait le roi, dans quel état !... Mais comment se peut-il ?...

Et il regardait tour à tour celle qu'il avait dans ses bras, et la fausse Tantyris, qui se penchait hors de la litière, et disait d'une voix douce et mélodieuse :

— C'est sans doute une pauvre folle; surtout, qu'on ne la maltraite pas. Je ne veux pas de malheureux, le jour de mon bonheur.

Horus était sorti de son palais, en grand appareil, et il s'avançait au-devant de sa fiancée.

— Viens! viens! mon fils, s'écria le roi, voyons si l'amant sera plus clairvoyant que le père. Les Dieux sont irrités contre nous. Ils nous proposent une énigme, dont la solution, à ce que je prévois, peut être terrible. C'est à toi, je pense, de la résoudre.

Et Horus, plein d'épouvante, s'écria :

— Malheur au possesseur du Livre! a prédit le mort à qui je l'ai ravi. Ah! je comprends toute l'horreur de cette vengeance : si je ne devine pas juste, c'en est fait de nous!

Frémissant de crainte, le visage pâle comme l'albâtre, il regardait alternativement les deux princesses, l'une, échevelée, défaite, les yeux pleins de larmes, l'autre, triomphalement belle, sous ses parures, et qui le contemplait avec un sourire enivré.

Une angoisse étreignait toute cette foule qui regardait, les respirations s'arrêtaient dans les poitrines oppressées, un silence absolu régnait.

Le jeune homme, comme fasciné par le regard, lourd de langueur, qui pesait sur lui, sembla se décider : il fit quelques pas du côté de la litière.

Alors, se croyant perdue, Tantyris poussa un sanglot déchirant. Horus s'arrêta, en portant la main à son cœur que cette plainte avait traversé comme la lame d'un glaive.

Il courut à elle, la saisit dans ses bras, la serra sur sa poitrine avec délire, lui disant à travers ses larmes :

— C'est toi ! c'est toi ! ma bien-aimée ! Comment ai-je pu un seul instant hésiter ?

Aussitôt, celle qui était dans la litière, ouvrit la bouche à la largeur d'un grand cri : puis elle disparut, ne laissant à sa place qu'une poignée de cendres.

Alors, la foule, trépignant de joie, poussa une longue et formidable acclamation, qui monta vers le ciel, effrayant les oiseaux, et se prolongea jusqu'au moment où le roi, étendant la main, réclama le silence.

. . . .

— Qu'un sacrifice de gratitude soit offert aux Dieux, qui ont éloigné de nous le malheur, dit-il d'une voix haute, mais le Livre de Thot, voici : nul ne l'ouvrira, nul ne le lira; qu'il soit replacé dans le tombeau de celui dont il a déjà causé la mort. Les Dieux, très bons, nous ont donné la Puissance, les Richesses, la Beauté et toutes les bonnes choses de la terre; ils nous ont accordé, même, une grande part du ciel, puisque nous avons l'Amour. Sachons nous contenter de ces dons, et n'éveillons pas les divines colères, en portant une main audacieuse sur le voile de l'inconnu, qu'il n'est permis à nul vivant de soulever.

BILKIS

Saba, qui donna son nom au pays des Sabéens, dans l'Arabie méridionale, était arrière-petit-fils de Katan et troisième arrière-petit-fils de Noé. Il fut le quatrième aïeul du roi Zou-Chark, père de la rayonnante Bilkis, la plus illustre des princesses.

Bilkis survivait seule de quarante enfants; elle était merveilleusement belle, d'une intelligence et d'une sagesse rares. A la mort de son père, elle s'empara du trône et se déclara souveraine; mais une moitié seulement de la nation l'accepta pour reine, l'autre moitié proclama roi un homme brutal et sans esprit, nommé Bnou-ak-el-Milik. Il ne tarda pas à abuser du pouvoir. Tyrannique, débauché, il enlevait les épouses de ses sujets, et les déshonorait. Bien des révoltes éclatèrent contre lui, mais vainement; on ne put parvenir à le renverser. C'est alors que Bilkis, indignée de tant de crimes, résolut de débarrasser le pays de Saba d'un tel homme.

Bnou-ak avait voulu épouser la belle reine, mais celle-ci avait repoussé avec dégoût cette union. Pourtant, elle feignit un jour d'y consentir, et tout fut bientôt préparé pour les noces.

Un cortège superbe conduisit la reine à la cour de Bnou-ak, et le mariage fut célébré avec la plus grande pompe. Pendant le festin nuptial, Bilkis enivra le prince, et lorsqu'elle fut seule avec lui, elle trancha la tête au tyran assoupi. La courageuse reine cacha cette tête sanglante dans un pli de sa robe et sortit sans bruit.

Les danses avaient cessé, les chants s'étaient

tus, les flambeaux s'étaient éteints. Elle traversa furtivement le palais obscur et désert, passa sans être vue devant les gardes endormis, et gagna un bois de palmiers. Là, un serviteur attendait, tenant en main deux chevaux qui frémissaient d'impatience, rongeant et secouant leurs mors ornés de pierreries. La reine sauta en selle et s'enfuit vers son palais. Dès qu'elle l'eut atteint, elle envoya des messagers à tous les chefs, à tous les hauts personnages de la cour de Bnou-ak, les appelant à Mareb, la capitale de Saba, et, avant le jour, ils étaient réunis devant le palais de Bilkis.

Ce palais était édifié sur sept terrasses qui s'élevaient en retraite les unes des autres. Tous les grands et les chefs guerriers de la cour de Bilkis étaient échelonnés sur ces terrasses, lorsque l'aurore commença à poindre.

Au moment même où le soleil frappait de ses premiers rayons le faîte du palais, des portes s'ouvrirent, sur la plus haute des terrasses, et la reine apparut resplendissante dans sa parure nuptiale, empourprée du sang de Bnou-ak.

Elle apaisa d'un geste les murmures admiratifs de la multitude et parla d'une voix haute et sonore.

Elle reprocha aux sujets de Bnou-ak leur mollesse, leur lâcheté, leur facilité à courber le front sous la honte et l'outrage, leur inaction, leur surdité aux cris de leurs femmes déshonorées et demandant vengeance. — Ce que pas un de vous n'a osé accomplir, je l'ai accompli, moi, dit-elle en terminant : je vous ai délivré de l'infâme tyran souillé de crimes ; choisissez-vous maintenant un autre maître, voici ce que j'ai fait de Bnou-ak. Et, découvrant la tête livide du roi mort, elle la lança par-dessus les terrasses vers le peuple.

— Nous ne voulons d'autre souveraine que toi ! s'écria la foule d'une seule voix.

C'est ainsi que Bilkis devint reine du pays de Saba.

Elle régna avec sagesse et gloire, rendant elle-même la justice, et employant le temps que lui laissait le gouvernement à approfondir la science des mages, à composer des maximes de morale et des formules symboliques.

Un jour, la belle reine, au fond d'une salle mystérieuse, située sur la septième terrasse, au delà de six autres salles magnifiques, s'était endormie.

Cette retraite, où Bilkis se retirait souvent, n'avait d'autre fenêtre qu'une étroite ouverture carrée percée du côté où se lève le soleil. Les sept portes étaient fermées et les clefs, faites de différents métaux, cachées sous le coussin gonflé de duvet d'autruche où la reine appuyait sa tête. Lorsque Bilkis s'éveilla, elle fit tomber en se soulevant une lettre, qui avait été posée sur sa poitrine, sans que la reine pût s'expliquer comment cela s'était fait. La lettre était fermée par un cachet de musc, et scellée du sceau de Salomon. Elle était ainsi conçue :

« Le roi Salomon, fils de David, à Bilkis, reine de Saba.

« Au nom du Seigneur clément et juste,

salut à celui qui marche dans la voie droite. Or, n'aie pas trop d'orgueil, ne crois pas ta gloire supérieure à la mienne ; viens à moi et reconnais ma puissance. »

La reine, surprise et inquiète, appelle ses serviteurs, interroge les gardes ; on n'a rien vu, nul étranger n'a pu pénétrer dans le palais. Elle convoque les grands de la cour, leur fait part de l'aventure et leur demande conseil. Mais tous s'en remettent à son jugement et à sa justice.

Avant de prendre une résolution, la reine ordonne des prières et des sacrifices, on égorge un taureau noir, après l'avoir aspergé de sel, et Bilkis va elle-même brûler de l'encens dans tous les temples de la ville : au temple de la Chaîne, à celui de la Matière, à celui de l'Ame, qui tous trois étaient de forme circulaire. Puis elle visita les sanctuaires consacrés aux astres : le temple de Zohal, qui décrivait un hexagone ; le temple de Marrîkh, un carré long ; celui de Chams, qui est le Soleil, un carré ; celui d'Otared, un triangle ; celui de

Zahara, un triangle inscrit dans un carré long; le temple de Kamer, la Lune, était octogone. Ces formes diverses se rattachaient à des allégories et à des mystères que les Sabéens ne divulguaient jamais.

Bilkis, les cérémonies terminées, se décida à envoyer des présents à Salomon :

— S'il n'est que roi, dit-elle, il acceptera les présents et n'envahira pas notre territoire; s'il est vraiment mage, il les refusera, car il ne doit désirer rien de plus que nous voir embrasser ses principes. J'éprouverai d'ailleurs si son regard sait démêler la vérité du mensonge.

Elle fit choisir cinq cents adolescents, parmi les plus beaux jeunes gens du royaume, et leur fit revêtir de riches costumes de jeunes filles; on les para de colliers d'or, de bracelets, de pendants d'oreilles ornés de pierreries, et on leur donna pour montures de superbes chevaux aux harnais d'or et de soie; puis, cinq cents jeunes filles prirent le costume masculin et montèrent des chevaux plus ordinaires : chacune d'elles portait deux briques, l'une d'or, l'autre d'argent; de plus, Bilkis envoyait à Salomon une splendide couronne, du musc, de l'ambre, de l'aloès odorant, et un coffret soigneusement fermé. Elle joignit à cet envoi la lettre suivante :

« Si tu es mage, devine quels sont les envoyés que je t'adresse, et déclare ce que contient le coffret avant de l'avoir ouvert. »

Le cortège se mit en route et atteignit la plaine de Sana, dans laquelle Salomon campait. Les envoyés virent alors, sur un long espace, le sol pavé de briques d'or et d'argent, et tout à l'entour un mur à créneaux, alternativement d'argent et d'or. Dans le pavage il manquait des briques juste autant que les Sabéens en apportaient. Craignant qu'on ne les accusât d'avoir volé ces briques, ils se hâtèrent de les placer dans les cases vides.

Salomon découvrit aisément que les jeunes filles étaient des garçons et les jeunes garçons des filles, et il déclara que la boîte contenait une perle vierge, non percée, et d'une grosseur inusitée. Puis il renvoya les Sabéens et leurs présents.

Peu après, Bilkis se mit elle-même en route, avec une merveilleuse escorte, et suivie de toute son armée.

Salomon, prévenu de sa visite, fit construire un palais pour la recevoir. L'architecte fit le parvis de cristal, et, au-dessous, une eau claire coulait, peuplée de poissons aux belles couleurs.

Lorsque Bilkis arriva, le roi, tout ému et ébloui de sa beauté, s'avança vers elle; elle franchissait le seuil et, croyant marcher dans l'eau, elle releva un peu sa robe, en avançant le pied avec hésitation. Le roi-prophète vit alors que la belle magicienne avait la jambe velue; mais, son amour naissant, un instant ébranlé, n'en persista pas moins, et l'espoir des conseillers rusés qui, craignant l'alliance de ces deux puissances, avaient persuadé à l'architecte de construire ce perfide parvis, fut déçu.

Et Bilkis, assise sur un trône auprès du roi, lui proposa des énigmes, auxquelles, sans cesser d'admirer la belle visiteuse, il répondit avec certitude.

Arrivée à la dernière, la plus ingénieuse de toutes, elle espéra enfin l'embarrasser :

— Pourquoi, lui demanda-t-elle, Dieu a-t-il voulu que la pierre de ton sceau fût la plus puissante chose de ton royaume et du monde?

— C'est, répondit le roi, pour m'enseigner que mon royaume et le monde ne valent pas un éclat de pierre.

La reine de Saba s'avoua vaincue en sagesse ; mais elle était triomphante aussi, car elle avait conquis le cœur du roi.

Et Salomon épousa Bilkis.

L'ÉTOILE AUX CHEVEUX D'OR

Sous le firmament, qui resplendit d'étoiles, la vieille cité de Madian s'étend massive et sombre tout endormie. Quelques hautes tours, de blanches coupoles, ébauchent de vagues rondeurs pâles; un palais, aux murailles puissantes, domine la ville, et autour de lui tremble une musique.

Le musicien c'est le vent du nord, effleurant les harpes suspendues aux fenêtres; les harpes dont les cordes frêles luisent, çà et là, prolongeant les rayons d'astres : l'on croit entendre les scintillements frémir.

La première veille s'écoule, les vivants sont comme morts dans le sommeil. Cependant le roi s'est levé, il a quitté son lit tiède, et lentement, de salle en salle et de terrasse en terrasse, il monte vers le sommet du palais.

Il doit franchir sept portes et gravir sept escaliers. A un mot mystérieux qu'il prononce, les battants s'écartent devant lui; c'est d'abord une porte de plomb, puis une d'étain, la troisième est d'airain et résonne en se refermant; une porte de fer s'ouvre ensuite, puis une porte de bronze, la sixième est d'argent et la septième d'or; elle retombe, derrière le roi, avec une longue et claire vibration.

L'air vif fait palpiter sa robe de lin blanc, car il est sur une plate-forme vertigineuse qui le rapproche du ciel. Il se tourne vers le Nord et vers le Midi, vers l'Occident et vers l'Orient. Alors il voit de telles choses, parmi les astres, qu'un cri s'échappe de ses lèvres et traverse la nuit paisible. Tremblant d'émotion, il s'élance vers le rebord de pierre et, s'y appuyant des deux mains, darde ses regards vers l'infini.

Kévan ¹, la lointaine planète, l'interprète des destinées, le grand révélateur des mystères du ciel, s'avance dans le signe des poissons vers la demeure d'Ormuz ² qui brille d'un éclat inusité, tandis que passe, au-dessus d'eux, une merveilleuse étoile, qui traîne après elle comme une gerbe d'or! A l'Orient la constellation de la Vierge surgit de l'horizon, le Lion la précède, le Bouvier la suit! Au Zénith, dans le signe d'Alsartan ³, près de la nébuleuse Crèche, scintillent vivement les étoiles qu'on nomme les Anes; le Taureau monte vers le centre du ciel, et Nembrod ⁴ marche vers le Bélier, du côté de l'Occident.

Le roi regarde avidement, les prunelles dilatées; et, sans cesser de contempler, il va frapper de son poing fermé le disque d'airain

---

1. Saturne.
2. Jupiter.
3. L'Écrevisse.
4. Orion.

qui, par un seul coup, sonne l'instant précis des naissances illustres.

Mais le roi frappe et frappe encore, sans relâche, avec force. Le métal frissonne et gronde, le son gonfle, s'étend, c'est une houle, un océan de bruit, qui roule sur la ville, la submerge. Et, bientôt, de hautes clameurs lui répondent, des lumières s'agitent, des gardes, dont les armes luisent, paraissent sur les terrasses; les ministres, les princes, les mages vénérables, rouvrent les portes mystérieuses, dédiées aux sept planètes, et se hâtent vers la plate-forme. Ils parlent confusément, et les questions s'entre-choquent.

— Sage Gathaspar, est-ce la fin du monde?

— Quel présage terrible as-tu lu dans le livre des cieux?

— L'ennemi menace-t-il nos frontières?

— O Maître! pourquoi jettes-tu l'épouvante dans nos cœurs?

Mais Gathaspar lève les bras vers les astres.

— Voyez! voyez! s'écrie-t-il, un jour nouveau se lève en Occident. « Une étoile sort de

Jacob, un sceptre s'élève d'Israël ! » Voyez ! Jamais, depuis le jour où naquit Moïse, Kévan ne s'est rencontré avec Ormuz, sous une étoile chevelue ; les tables célestes en font foi ! Mais l'étoile du mage illustre, qui vécut quarante ans dans notre patrie, n'était pas aussi splendide que celle-ci. Et qui donc peut surpasser Moïse ? Quel est l'être surnaturel qui vient d'entrer dans la vie ? qui donc, si ce n'est le Messie promis au monde, annoncé par les prophètes ; le sceptre devant lequel s'inclineront tous les sceptres, le roi des mages et des rois ? Zaphikiel, l'archange assis sur la planète Kévan, et celui dont le trône est Ormuz : Zadukiel, m'ont fait signe, tous deux, de partir sans tarder, pour saluer le divin enfant dans le pays où il est né. Allez ! faites préparer les offrandes les plus riches, et que je puisse me mettre en route avant que l'étoile ait disparu du ciel.

Et, selon les ordres du roi, la caravane s'est formée. Elle est partie avant l'aurore, brillante cohue de soldats, d'esclaves, et de chameaux chargés de présents. Maintenant elle chemine depuis plusieurs jours déjà. La veille, on s'est engagé dans de profondes gorges de montagnes, et l'étoile qui marque la direction à suivre s'est dérobée derrière les sommets; pendant la nuit on s'est égaré et, depuis le lever du soleil, on cherche à sortir des âpres défilés.

Précédé seulement par quelques éclaireurs, le roi s'avance en tête, monté sur une chamelle blanche caparaçonnée d'azur et d'argent; mais il s'est assoupi sous le tendelet de soie, et autour de lui l'on marche en silence.

Vers le milieu du jour, les voyageurs débouchent dans une vallée, et on atteint bientôt un carrefour auquel aboutissent plusieurs routes. Mais déjà la place est encombrée : des chevaux, des mulets, toute une foule richement vêtue, qui va et vient, regarde de côté et d'autre. Gathaspar descend de sa monture pour s'informer, et on lui montre une litière magnifique, dont les rideaux frangés d'or sont relevés. Un beau vieillard, la tête ornée d'une triple couronne, se penche au dehors; il porte une tunique couleur de safran, un manteau noir constellé d'or.

Gathaspar salue, en appuyant la main sur son cœur; mais le vieillard lui fait un signe mystérieux, et le roi, reconnaissant un mage comme lui, s'approche et le baise sur la bouche.

— Mon fils, dit le vieux mage, tu as vu comme moi Tzegel et Koracht, les planètes amies du jour, et l'étoile chevelue qui nous annonce un nouveau soleil, et, comme moi, tu vas le saluer?

— N'es-tu pas Melkone, roi de Tharsis?

— Aussi sûrement que tu es le roi d'Arabie, Gathaspar!

— Nous sommes égarés, n'est-ce pas? l'étoile a disparu derrière ces hauts pics, et le ciel, couvert de nuées, ne nous permettra pas de la revoir ce soir.

Tandis qu'ils parlent ainsi, l'on voit s'avancer sur l'une des routes rayonnant du carrefour, un homme à cheval suivi d'un seul écuyer. Le nouveau venu a le visage merveilleusement noir, les traits fins et réguliers, la bouche de la couleur vermeille d'une fleur de grenadier. Il est enveloppé dans un manteau pourpre qui lui couvre la tête et est retenu au cou par une corde d'or.

Il chevauche avec une grâce juvénile et beaucoup de majesté. Sans mettre pied à terre, il salue les deux rois, quand il est à leur portée.

— Verbe, Lumière et Vie ! s'écrie-t-il, nous réalisons le ternaire fatidique, nous pouvons marcher, maintenant. Si vous ne m'attendiez pas, je vous cherchais, car je savais vous trouver.

— Qui donc es-tu, mage au visage nocturne ? demanda Melkone.

— Je suis le descendant du plus grand des mages, car mon aïeul est Ménilek, le fils incomparable que Bilkis, la reine de Saba, eut de Salomon, roi d'Israël.

— Salut Bithisarca, roi de Saba, notre maître à tous ! dit Gathaspar en s'inclinant, et le vieux Melkone appuie la main sur son cœur. Mais Bithisarca descend vivement de cheval pour leur donner l'accolade.

— Mes frères, dit-il, vous avez comme moi compris les signes célestes, un roi nous est né et nous allons vers lui ! Vous l'avez vu, le soleil même est son piédestal, nous lui devons donc les hommages dus au soleil, puisqu'il n'en est pas de plus solennels. Mais il faut renvoyer cette multitude et ces vaines richesses : les offrandes symboliques suffisent, à qui régnera par l'esprit.

— Sage Bithisarca, dit le roi de Tharsis, sais-tu la route que nous devons suivre? car, tu le vois, nous sommes égarés.

— Je sais, comme vous, que c'est en Judée qu'il faut chercher ce roi, mais je n'ai pas pris le temps d'interroger l'oracle sur le lieu précis où nous le trouverons. Puisque nous sommes tout près de Jérusalem, allons consulter Hérode, le roi des Juifs, ses pontifes l'ont sans doute averti du prodige.

Vers la fin du jour les trois mages, suivis chacun d'un esclave portant un coffret, entraient à Jérusalem, par la porte de l'Eau.

Ils passèrent au pied du mont Moria, sur lequel le Temple avec ses marbres et ses ors, ses balustrades ouvragées, ses rampes majestueuses et son toit tout hérissé d'aiguilles, flamboyait merveilleusement sous le soleil oblique. Bithisarca, non sans émotion, fit remarquer à ses compagnons la formidable muraille qui soutient le massif du temple et est formée de blocs énormes, inégaux, taillés avec beaucoup d'art dans une pierre dure, encadré chacun d'une mince bande creuse et lisse, et posés en retrait les uns des autres, comme dans les constructions égyptiennes; muraille indestructible, qui était celle-là même bâtie par son aïeul, le roi Salomon.

Dans la ville, les voyageurs virent des voies nouvelles, larges et dallées, des édifices dans le style grec, des théâtres et des cirques comme à Rome. La foule brillante et bavarde se promenait, s'arrêtait par groupes ou se pressait à la porte des écoles. Les femmes soulevaient leur voile, se retournaient pour voir plus longtemps les longs yeux veloutés de Gathaspar et le lumineux sourire de Bithisarca; les jeunes hommes regardaient avec respect la longue barbe d'argent du vieux roi Melkone, et le saluaient au passage.

Les cavaliers continuèrent leur route et montèrent vers le splendide palais d'Hérode, dont les colonnades de marbre blanc, les terrasses, les jardins, les fontaines et les aqueducs couvraient presque une moitié de la montagne de Sion.

Le roi de Judée, qui copiait Rome, recevait chaque jour une foule de visiteurs, et, bien que l'heure des réceptions fût depuis longtemps passée, les soldats de garde, aux portes et dans les cours, n'osèrent pas s'opposer à l'entrée des trois mages, dont l'aspect majestueux et superbe annonçait des personnages de haute noblesse. De jeunes garçons, vêtus de robe couleur d'hyacinthe avec des bordures d'argent, et couronnés de fleurs, s'offrirent à les guider vers le roi et à le prévenir de leur arrivée. Les voyageurs abandonnèrent leurs chevaux, et suivirent les beaux enfants à travers les jardins, encore emplis de fleurs, en dépit de la saison.

Mais subitement les jeunes garçons s'arrêtèrent, comme pris d'épouvante, et firent signe aux mages de ne pas avancer.

On était en face d'une grotte artificielle en basalte et en porphyre, dont la porte de bronze dorée était ouverte à deux battants. Le soleil, qui avait fait une trouée dans les nuages et touchait le bord de l'horizon, emplissait la grotte de lumière, et rendait inutile la torche allumée que tenait un jeune homme appuyé au chambranle.

Hérode était là, tournant le dos à la porte, assis sur un escabeau. Devant lui, un sarcophage en or massif, avec un couvercle de cristal, était posé debout, s'appuyant au fond de la grotte peu profonde, et l'on voyait confusément, à travers le cristal, une femme qui semblait une statue d'ambre prise dans les glaçons.

— Elle est toute cristallisée, maintenant,

disait Hérode, vois-tu? elle est toute claire, toute transparente.

— Oui, toute transparente, répondait distraitement le jeune homme, qui regardait avec curiosité les mages et leurs conducteurs.

Mais ils s'éloignèrent vivement derrière un bosquet d'oliviers et, sans être interrogé, un des jeunes garçons expliqua ce qu'on venait de voir.

— C'est la reine Marianne, la première; le roi l'a fait mourir, voilà bien longtemps; mais il l'aime toujours, et l'a conservée dans du miel. La grotte était restée fermée, pourtant, depuis plusieurs années.

Quelques instants plus tard, Hérode rejoignait les rois mages dans une haute salle aux fines colonnettes tout incrustées de pierres rares et d'émaux.

Le roi de Judée touchait à ses soixante-dix ans; il était d'une maigreur extrême, avec des chairs flétries, comme dégonflées et marbrées de rougeurs brûlantes; une activité fébrile déréglait ses mouvements, et, quand il embrassa ses hôtes, il leur souffla au visage une haleine sépulcrale.

En entendant leurs questions au sujet de ce roi dont les cieux annonçaient la naissance, il pâlit, et avoua avec un tremblement de colère qu'il ne savait pas le premier mot de cet événement.

Alors il les entraîna à travers les galeries et les portiques, à pas pressés, entortillant autour de lui sa toge de pourpre, et geignant tout en marchant. D'un geste brusque, il ordonnait à des gardes et à des esclaves qu'ils rencontraient de les suivre, et une escorte se formait derrière eux.

Par instants, il marmottait d'une voix essoufflée des lambeaux de phrases.

— Toujours les mêmes! s'occupant de niaiseries! ou bien ils savent, et ne m'ont rien dit; me croient-ils las de frapper?

Et il avait un ricanement menaçant.

Ils atteignirent l'extrémité du Mont Sion, franchirent le vallon des Fromagers sur un pont très haut, et gagnèrent l'esplanade du

Temple; là, Hérode se retourna vers les mages, qu'il semblait avoir oubliés, et il leur dit, avec une emphase ironique :

— Nous allons surprendre le glorieux Sanhedrin dans la salle en Pierres Taillées!

Puis il leur montra une aigle romaine en or et merveilleusement ciselée, qu'il avait fait placer sur le grand portique du temple.

— Ces prêtres en meurent de rage, dit-il, mais nous verrons s'ils osent l'arracher de là.

La salle en Pierres Taillées était une dépendance du temple; Hérode et ses hôtes y pénétrèrent par une porte réservée, et, comme le crépuscule tombait, on ne remarqua pas leur entrée.

Hillel, le Nassi doux et illustre, présidait l'assemblée, et, autour de lui, se groupaient plusieurs maîtres fameux : Schémaïa, Abtalion, Baba-ben-Bouta, Juda de Galilée, Ézéchias et son ami Jacob-bar-Acha; Mathias-ben-Margaloth et Juda, fils de Sariphée, qui furent tous deux, peu de temps après, brûlés vifs, avec quarante de leurs disciples, pour avoir arraché et mis en pièces l'aigle d'or du Temple.

Un jeune étudiant posait, quand le roi entra, une question au Nassi.

— On enseigne, disait-il, qu'il y a six choses honteuses pour le savant. Quelles sont-elles, Maître ?

Et Hillel répondait :

— De sortir étant parfumé, de sortir seul la nuit, de porter des souliers raccommodés, de parler à une femme dans la rue, de s'attabler avec une compagnie d'ignorants, et d'entrer le dernier dans la salle d'étude.

— Pourquoi ne doit-il pas sortir étant parfumé ?

— Parce qu'il pourrait être pris pour un débauché.

Et Jacob-bar-Acha ajouta :

— Cette défense s'applique aux vêtements seuls et non pas au corps, que l'on parfume dans un but de propreté.

— Schammaï considère les cheveux comme un vêtement, fit remarquer Baba-ben-Bouta.

— Il est trop sévère, dit Hillel, on peut les considérer comme le corps.

— Mais pourquoi y a-t-il honte à sortir avec des souliers raccommodés? s'il est pauvre...

— Ah çà! laissons un peu les souliers rapiécés et toute cette parfumerie! s'écria Hérode d'une voix qui fit tressauter de surprise tous les assistants. Je ne suis pas la dupe de vos naïfs discours; dites donc plutôt ce que le ciel nous annonce, si vos sottes discussions vous ont permis de lever les yeux vers lui. Saviez-vous qu'il vient de naître en Judée un roi qui n'est pas mon fils? le Messie, peut-être! Est-ce vrai? Le saviez-vous?

— Nous le savions, et c'est véritable, dit Abtalion en se levant.

Alors Hérode entra dans une colère furieuse, se répandant en injures et en menaces. Mais Hillel, dont la merveilleuse patience était célèbre, répondit avec douceur :

— Nous craignions, Maître, te sachant souffrant, que la nouvelle n'aggravât ton mal.

— Ah! vous me croyez malade! s'écria le

roi avec un redoublement de rage, vous espérez ma mort, vous la désirez, vous comptez vous réjouir quand elle sera venue, eh bien, c'est moi qui vous le dis, vous pleurerez des larmes de sang sur mon cercueil.

— Il est écrit, dit Hillel : « le mal que tu souhaites aux autres se retourne contre toi »; nous ne désirons la mort de personne.

Les rois mages baissaient la tête, regrettant d'être venus à Jérusalem. Ils se remémoraient tous les crimes d'Hérode, et croyaient le voir trempé de sang dans sa toge pourpre, sous les dernières rougeurs du soir.

Mais le roi de Judée se calma soudain et se mit à rire :

— C'est la fièvre qui m'excite, voyez-vous, dit-il. Et où est-il né, ce roi des Juifs? ajouta-t-il en s'adressant à Hillel.

— Nous l'ignorons, seigneur, le grand-prêtre le sait peut-être.

— Qu'on l'appelle.

Ioser, fils de Boéthos, était au temple; on le fit venir en grande hâte, et il entra, la tiare en tête, tout resplendissant dans ses habits sacerdotaux, sous les lampes qu'on venait d'allumer.

Il ne connaissait rien de plus que ce qui était révélé par la conjonction de Baal et de Schabtaï dans le signe des Poissons, et par l'étoile chevelue annonçant un héros. Mais il pouvait, dans l'instant, interroger les Téraphims.

Alors on fit sortir de la salle les étudiants et tous ceux qui n'étaient pas prêtres ou docteurs; et Ioser s'approcha de l'autel, où l'on posait la Tora.

Il prit les Téraphims, lames d'or sur lesquelles étaient gravées des figures kabbalistiques, en tira au sort un certain nombre; puis, ayant retiré le Rational attaché sur sa poitrine, il l'entoura des Téraphims, disposés trois par trois, entre les deux onyx servant d'agrafes aux chaînettes du Rational : l'Urim et le Thumin, qui répondaient aux deux colonnes du temple : Jakin et Bohas.

Le grand-prêtre se pencha, les coudes sur

l'autel, interrogeant du regard les pierreries et les signes magiques. Il resta longtemps absorbé, au milieu du silence profond; enfin il se releva et s'écria avec enthousiasme :

— L'ange Souriel, prince de la face divine, m'a parlé : « C'est dans la ville royale de Bethlehem en Judée », m'a-t-il dit, et n'est-il pas écrit en effet par le prophète : « Et, toi Bethlehem, ville de Juda, tu n'es pas la moindre des principales villes de Juda, car c'est de toi que sortira le chef qui doit gouverner mon peuple d'Israël? »

— C'est bien! dit Hérode en dissimulant son irritation, nous irons à Bethlehem.

Puis, se ravisant au moment où il allait sortir :

— Je connais vos subtilités et votre façon de voiler le vrai sens des mots, dit-il; jurez donc qu'il s'agit bien d'un enfant, et que vous n'entendez pas plutôt qu'un nouvel initié vient de naître à la science magique, comme vous avez coutume de dire.

— Non, il s'agit d'un enfant encore dans ses langes, affirma le grand-prêtre.

Hérode sortit avec les mages de la salle en Pierres Taillées et leur dit, en cachant mal son agitation :

— Allez! allez à Bethlehem ; informez-vous bien exactement de cet enfant, et, quand vous l'aurez trouvé, faites-le-moi savoir, afin que moi-même j'aille aussi l'adorer.

En quittant le Sanhedrin, les étudiants avaient répandu la nouvelle par la ville, et quand les mages la traversèrent de nouveau, elle était emplie, malgré la nuit, d'une multitude houleuse et émue ; il y avait surtout une vieille prophétesse, nommée Anne, qui ne quittait jamais, d'ordinaire, le parvis du temple et qui, ce soir-là, parcourait les rues, tout échevelée, criant à perdre haleine :

— Réjouis-toi, Jérusalem! Car le Messie attendu vient de naître à Bethlehem!

Le ciel se découvrit tout à fait quand les trois rois franchirent la porte occidentale de la ville, et l'étoile aux cheveux d'or leur apparut de nouveau. Ils la saluèrent par des acclamations joyeuses, et, mettant leurs chevaux au galop, ils marchèrent vers elle.

Des vallées et des coteaux, des vergers et des prairies, et enfin Bethlehem sur la hauteur, profilant dans l'azur foncé sa silhouette d'un noir de velours, piqué de lueurs !

Les mages s'arrêtèrent au pied de la colline, pour changer de vêtements, puis ils montèrent, et, sans avoir besoin de demander leur route, marchèrent vers une maison sur laquelle l'étoile était comme suspendue.

Bethlehem, l'antique petite ville, si glorieuse, qui avait vu naître David, ne dormait pas encore ; elle semblait déborder de monde. Des rires et des chants s'échappaient des maisons mi-closes, des traînées de lumière sortant des fenêtres éclairaient les rues.

Personne ne gardait la porte de cette maison bienheureuse, vers laquelle le ciel se penchait. Elle était bien humble et bien obscure, et cependant les rois mages en franchirent le seuil avec une profonde émotion.

Ils virent alors une étable éclairée confusément par une lampe accrochée aux poutres, et ils se souvinrent du ciel prophétique montrant la Crèche près de l'Ane et du Bœuf.

Marie, assise sur des gerbes, tenait debout sur ses genoux le radieux enfant à demi nu dans ses langes. La tendre chair du nouveau-né resplendissait comme une fleur lumineuse, et l'or pâle de ses cheveux lui faisait une auréole.

La mère contemplait son fils dans une muette extase, et ne remarqua pas l'entrée des mages, qui s'étaient arrêtés au seuil; mais Joseph les vit et s'avança vers eux, les saluant, leur demandant ce qu'ils cherchaient.

— Nous avons enfin trouvé celui que nous cherchons depuis longtemps, dirent-ils, l'astre naissant à qui les étoiles font cortège; et nous, les rois éphémères, nous venons rendre hommage au souverain dont le règne emplira les siècles!

Marie alors leva les yeux et, toute surprise, vit les trois rois dans leurs vêtements magiques.

Le vieillard avait revêtu une robe brune, couverte de caractères brodés en soie orangée; à son cou était suspendue une large médaille de plomb, couverte de signes mystérieux. Le roi d'Arabie portait une robe d'écarlate, et, sur son front, se dressait une lame d'étain où l'on pouvait lire trois noms d'anges. Le vêtement du roi de Saba était de pourpre; il avait une tiare brillante et, aux bras, des bracelets d'or : et cela signifiait le Soleil et les Planètes du jour.

Les trois mages vinrent s'agenouiller aux pieds de Marie, confuse et fière, devant l'enfant qui regardait de ses beaux yeux vagues, et essayait un sourire; et pendant ce temps, Joseph, embarrassé, expliquait qu'il était venu à Bethlehem avec Marie, à cause du recensement ordonné par César, mais qu'il y avait tant de monde dans la ville, que les hôtelleries étaient pleines et qu'ils n'avaient trouvé de place nulle part.

Les rois ne l'entendaient pas; émus et ravis, ils avaient ouvert leurs trésors; ils faisaient ruisseler l'or sur le sol, ils allumaient des parfums : l'encens et la myrrhe, dont la fumée légère montait en flocons bleuâtres, et Marie, toute rêveuse, penchait la tête en se disant :

— Les bergers sont venus déjà, maintenant voici des rois !

Et, quand les rites furent accomplis, les rois mages se retirèrent et allèrent se reposer.

Ils se remirent en route, le lendemain, pour regagner leurs lointains royaumes d'Orient, en se gardant bien de repasser par Jérusalem; car ils avaient deviné les sombres projets d'Hérode, et ne voulaient plus le revoir.

LES
QUATRE SAGES DE L'ARABIE

Au temps où les tribus, libres et vagabondes, dressaient leurs tentes sur les sables dorés de l'Arabie, les filles sauvages du désert étaient fières et intrépides, douces et tendres cependant, estimées et adorées des hommes; elles étaient leurs égales, et jouissaient des mêmes droits qu'eux. Ainsi il leur était permis de répudier leur époux, et il suffisait à la femme, pour faire entendre à son mari qu'il était libre, de changer l'orientation de la tente conjugale. Lorsqu'il s'en approchait le soir, ne trouvant plus l'entrée à la place accoutumée, il comprenait qu'il ne lui était plus permis de franchir le seuil, et il s'éloignait sans demander d'explications.

Ces femmes savaient défendre leur vertu et elles estimaient que c'était le plus précieux de leur bien. Souvent elles préféraient la mort au déshonneur; témoin cette illustre Fatimé, qui, faite prisonnière, se jeta la tête la première, du haut de la chamelle qu'elle montait, et se tua ainsi, pour échapper à l'amour de son vainqueur.

Bien souvent ces belles Arabes étaient poètes; c'étaient elles qui racontaient les combats fameux, les aventures glorieuses, chantaient les louanges des héros, accablaient les lâches de leur mépris; car, pour elles, le courage était la plus belle vertu de l'homme, et, loin d'amollir leur audace par de tendres inquiétudes, d'apaiser leur colère et leur ardeur guerrière, elles les encourageaient, les poussaient au combat, les enflammaient.

On rapporte qu'un jour les filles, renommées

pour leur beauté, d'un vieux guerrier nommé Find, voyant dans une rencontre les hommes de leur tribu faiblir et hésiter, arrachèrent brusquement leurs voiles, avec une sublime impudeur, et se jetèrent, demi-nues, au milieu des combattants.

— Ne fuyez pas, guerriers, leur crièrent-elles, car nous vous fuirions comme des êtres vils et indignes d'amour.

Précipitez-vous sur l'ennemi et triomphez, habillez-vous de cette bataille, comme d'un vêtement de sang et d'or.

Alors ce sera dans nos bras que vous vous reposerez de la victoire.

Les guerriers, enthousiasmés, reprirent le combat, et la tribu fut victorieuse.

Dans ces temps, on n'écrivait pas encore, et la tradition orale transmettait, d'une génération à l'autre, l'histoire des héros et les chants des poètes. Aussi, bien des œuvres ont disparu; bien des noms se sont perdus dans l'oubli; quelquefois, au contraire, les noms seuls sont restés dans les mémoires.

C'est ce qui a lieu, en partie, pour ces quatre femmes qui furent assez célèbres pour mériter le titre des Quatre Sages de l'Arabie ; leurs noms sont encore fameux aujourd'hui, mais on sait, en somme, peu de chose sur elles. L'une se nommait Sohr, fille de Lokman, l'autre Djouma, fille de Djadis, la troisième Amra, fille d'Amir le Juste, la dernière Hind, fille de Khous. De Djouma et de Sohr on ne sait rien, si ce n'est qu'elles possédaient une haute intelligence, une grande sagesse, et que la justesse de leur jugement leur valait l'admiration générale.

Sur Amra on raconte une anecdote curieuse : son père était juge et chef suprême de sa tribu. Des points les plus reculés de l'Arabie on venait vers lui, pour soumettre à son expérience et à sa sagesse les questions difficiles. Il jugea longtemps avec la plus parfaite équité, mais l'âge vint affaiblir la lucidité de son esprit, et il lui arriva quelquefois de décider injustement.

Un jour Amra, qui de derrière un rideau

écoutait toujours la discussion des affaires, dit à son père :

— Vous vous êtes trompé aujourd'hui ; la sentence que vous avez prononcée est injuste.

— Tu as raison, ma fille, dit le vieillard après avoir réfléchi quelques instants ; des brouillards obscurcissent mon cerveau, ma pensée m'échappe par instants, comme dans un demi-sommeil : aussi, reste toujours attentive, lorsque je jugerai, et quand tu t'apercevras des défaillances de mon esprit, frappe, pour m'avertir, un coup de bâton sur le sol.

Depuis ce jour, lorsque Amir entendait le coup frappé par sa fille, il redoublait d'attention et il ne se trompa plus dans ses jugements.

De cette aventure est né ce proverbe :

« L'homme le plus savant ne doit pas se croire infaillible : ce n'est pas d'aujourd'hui que l'on frappe du bâton pour avertir le sage. »

Hind, fille de Khous, est la plus illustre des quatre, et beaucoup de ses pensées ont été conservées par la tradition.

Elle était douée, paraît-il, d'une sûreté de coup d'œil extraordinaire. Sa vue portait jusqu'aux limites de l'horizon, et, d'un seul regard, elle embrassait une scène dans ses plus minces détails.

Un jour, elle était assise sur le sable, devant sa tente, au milieu d'un groupe de jeunes filles; elle jouait avec une colombe familière perchée sur son poing. Tout à coup, une troupe d'oiseaux passe, très haut dans le ciel, au-dessus des jeunes filles. Hind lève les yeux et soudain improvise ces vers :

> Que n'ai-je ces colombes,
> Plus la moitié de leur nombre;
> Avec la colombe qui roucoule ici
> Cela nous ferait cent colombes.

Les oiseaux s'abattirent à peu de distance, près d'une flaque d'eau où ils venaient boire. On s'approcha d'eux, sans bruit, et on les compta, ils étaient soixante-six. Soixante-six plus trente-trois, plus un, font cent; un seul regard avait suffi à Hind pour compter ces oiseaux et reconnaître leur espèce.

Son esprit n'était pas moins lucide ni moins prompt que son coup d'œil, et elle répondait sans hésiter à toutes les questions qu'on lui posait.

— Quel est, à ton avis, l'homme le plus digne d'estime? lui demande-t-on un jour.

— C'est, répondit Hind, l'homme beau de visage, bien fait de corps, à la jambe haute et fine, au col fier, à l'allure légère et vive, l'homme intelligent et généreux qui se charge avec plaisir des intérêts des autres, à qui l'on demande et qui ne demande jamais, dont la table est ouverte à tous et qui ne court jamais à celle des autres, qui ramène la paix parmi ses frères et ne suscite jamais de querelle.

— Et quel est le pire des hommes?

— C'est l'homme sans barbe, court, ramassé, à la démarche lourde, le dormeur insatiable qui se repose sur les autres du soin de ses affaires, dont le bras est sans forces, mais qui lève toujours le fouet sur les inférieurs, l'homme sans morale, inutile et désœuvré, celui que nul n'écoute, auquel nul obéit.

— Et quelle est, d'après toi, la femme la plus désirable?

— C'est la femme à la peau claire et transparente, à l'haleine parfumée; celle qui ne dépasse jamais le devant de sa porte, qui est attentive à tenir tous ses vases garnis de provision, soigne son ménage et sait, lorsqu'il le faut, mettre de l'eau dans son lait et gouverner les économies de la famille; mais la meilleure de toutes, c'est celle qui tient un fils sur son bras, dont un fils suit les pas, et qui porte un troisième fils dans son sein.

— Et la plus détestable femme?

— C'est la femme maigre et débile, au teint sombre, à la voix haute et criarde, qui en marchant fait vent et poussière, qui tient une fille par la main et n'est jamais grosse que d'une fille; c'est celle enfin qui, priée de parler se tait, et priée de se taire, parle.

Cette sagesse pratique, qui était un des plus grands mérites de Hind, n'excluait pas chez elle la rêverie et une poésie plus douce; elle aimait la nature, l'espace, la sauvage majesté du désert.

— Rien n'est plus beau, s'écriait-elle, que d'apercevoir au loin, sur les hauteurs, une tribu en marche, dont les tentes ployées, les hommes et les chameaux, se profilent sur le ciel, empourpré par le couchant!

On possède d'elle des réflexions morales, des maximes et des poésies descriptives, dont le style nerveux et coloré est des plus remarquables.

C'est à une femme encore que revient la gloire d'avoir affranchi sa tribu de l'infâme droit du seigneur, qu'un tyran avait su lui imposer.

Ofaira, surnommée la Rétive, noble enfant de la tribu des Djadis, fut, selon la coutume, livrée, le soir de ses noces, à Imlyk, qui gouvernait en roi les descendants de Djadis. La jeune fiancée, folle de colère et de désespoir, s'enfuit de la tente royale, et toute en larmes, échevelée, parcourut la tribu en criant d'une voix indignée :

— Ah! fils de Djadis, dans quel avilissement êtes-vous tombés! Est-ce bien possible? vous supportez, sans mourir de rage, qu'on outrage ainsi vos fiancées, vos épouses! et vous êtes des hommes, et plus nombreux que les fourmis! Ah! vous n'êtes plus dignes de vivre, si vous ne préférez pas mille fois la mort à cette soumission infâme. Non, vous n'êtes plus des hommes! allez vous faire parfumer, endossez des habits de femmes, noircissez-vous les yeux de Kh'ol et ravaudez des hardes. Que n'êtes-vous en effet des femmes, et que ne sommes-nous des hommes! nous vous apprendrions votre devoir; mais, sachez-le, nous n'éprouvons que du mépris et du dégoût pour ceux qui ne savent pas lever orgueilleusement la tête et nous défendre.

Cette noble colère éveilla un écho dans l'âme ulcérée des Djadis; le frère et le fiancé d'Ofaira se mirent à la tête d'un complot : on attira Imlyk dans un piège, et il fut massacré avec tous ses courtisans.

LEÏLA

C'était un fier adolescent, au beau visage, au bras fort, au cœur de héros, que Keïs, fils d'un khan illustre de la tribu des Amerites ; bien des jeunes filles le suivaient du regard, avec de tendres soupirs, lorsqu'il lançait son cheval ardent vers la plaine, s'exerçant à décocher des flèches ou à manier la lance ; mais il demeurait froid et indifférent, ne prenait nullement garde aux émotions qu'il faisait naître.

Mais, un jour, il entendit ses compagnons d'armes parler d'une jeune fille appartenant à une tribu campée dans une plaine voisine. Une émotion extraordinaire, alors, s'empara de lui, à tel point qu'elle le fit pâlir. Il s'éloigna et se répéta le nom qu'il avait entendu :

— Leïla !

Et il lui sembla, disent les Persans, boire l'eau d'un fruit céleste.

Dès lors Keïs n'eut plus qu'une pensée : voir cette jeune fille, dont le nom seul avait pour la première fois troublé son cœur.

Il quitta sa tente, un matin, et, monté sur une chamelle au pas rapide, se dirigea vers le campement de la tribu dont Leïla faisait partie.

Il rôda longtemps, lorsqu'il l'eut atteint, tout alentour des tentes, et finit par apercevoir un groupe de jeunes filles, occupées à cueillir des roses sauvages, au bord d'un sentier. Mettant pied à terre, il courut à elles ; mais elles s'enfuirent comme une volée de moineaux, laissant tomber les fleurs qu'elles portaient dans un pan de leur robe. Pourtant, à quelque distance, elles s'arrêtèrent et tournèrent la tête, furtives et curieuses, et, voyant que celui qui les avait effrayées était beau et jeune, elles le laissèrent venir jusqu'à elles.

— Ah! jeunes filles, ne me fuyez pas, s'écria Keïs en les saluant; dites-moi si vous connaissez Leïla?

— Certes, nous la connaissons, répondit la plus hardie.

— Il n'y a pas dans tout l'Iran une femme qui lui soit comparable.

— C'est la beauté la plus parfaite.

— Le cœur le plus noble.

— Comment pourrions-nous ne pas la connaître!

Elles parlaient maintenant toutes à la fois, enveloppant le jeune homme d'un cercle charmant.

— Par grâce, dit-il, conduisez-moi vers Leïla, si vous ne voulez pas me voir mourir ici.

Elles se poussaient du coude, l'une l'autre, se faisant des signes, méditant quelque espièglerie.

— Suis-nous donc, dirent-elles, il serait dommage de voir mourir un aussi charmant seigneur.

Elles le guidèrent vers une tente richement ornée et, ayant soulevé les draperies de l'entrée, le poussèrent à l'intérieur, en étouffant de frais éclats de rire.

Leïla était debout au milieu de la tente, attachant à son front une guirlande de pièces d'or, le visage penché vers un miroir qu'une esclave agenouillée tenait devant elle. En présence de cette merveilleuse beauté, Keïs ne put supporter son émotion; il tomba sur le sol sans connaissance. La jeune fille alors se retourna, et, pleine de surprise, se pencha vers Keïs.

Pendant ce temps, les compagnes de Leïla passaient curieusement leurs têtes folâtres par l'ouverture de la tente, pour voir comment leur protégé avait été accueilli. Lorsqu'elles l'aperçurent étendu à terre, elles entrèrent précipitamment, devenues tout à coup sérieuses.

— Quoi! dirent-elles, Leïla, tu l'as donc tué?

— Je ne sais rien de ce jeune homme, dit Leïla. A un soupir qu'il a poussé, j'ai levé la tête et je l'ai vu là, sans mouvement. J'ai cru à un blessé poursuivi par des ennemis. En savez-vous plus que moi?

— Nous l'avons rencontré près des églantiers, s'écrièrent les jeunes filles. Si je ne vois pas Leïla, nous a-t-il dit, je meurs. Est-il donc mort de t'avoir vu?

— Fasse le ciel qu'il n'en soit rien! dit Leïla, qui soutenait sur son genou la belle tête de Keïs, et contemplait ce visage inconnu avec une émotion croissante, pleine d'un charme tout nouveau pour elle. Je ne sais ce qui se passe en moi, continua-t-elle, mais il me semble que si cet homme, que je ne vois que depuis quelques minutes et dont je ne sais pas même le nom, ne revient pas à la vie, je ne pourrai lui survivre.

— Tais-toi, Leïla! dirent les jeunes filles, il t'écoute.

Keïs avait ouvert les yeux.

— O jeune fille délicieuse! s'écria-t-il, ne

sois pas surprise d'être touchée de mon amour ! Ce n'est pas une flamme ordinaire, qui s'allume peu à peu, c'est le feu d'un volcan, qui jaillit brusquement en déchirant la terre. Comment ne pas en être brûlée ?

— Il faut bien croire à une tendresse si promptement éclose, dit Leïla, puisque le même sentiment vient de fleurir aussi soudainement dans mon cœur.

Puis elle demanda au jeune prince son nom et celui de sa tribu. Ils étaient de deux tribus mortellement ennemies : les Nadites et les Amerites s'étaient voué une haine implacable.

— Hélas ! s'écria Leïla, que de malheurs menacent notre amour ! Couvrons-le donc de cent voiles, cachons-le, comme on cache un trésor en traversant une troupe de brigands.

Bientôt les deux amants eurent des entrevues secrètes, hors des campements, à l'ombre des grands rosiers et des palmiers. Rien ne troubla leur mystérieux bonheur, jusqu'au jour où les amis de Keïs, surpris de ses fréquentes absences, l'épièrent et le dénoncèrent au prince son père.

Le chef des Amerites, enflammé de colère, interdit à son fils de sortir de sa tente; le fit garder par des soldats, qui répondaient du prisonnier sur leur vie.

Keïs, en proie au désespoir le plus fougueux, essaya d'abord de s'échapper; mais, se sentant impuissant, il se laissa tomber dans un coin comme une masse inerte, et demeura ainsi, refusant toute nourriture.

Les amis qui avaient trahi son secret, par intérêt pour lui, et dans la crainte qu'il ne fût massacré par les Nadites, vinrent le visiter; en le voyant dans cet état, ils eurent le cœur serré.

— Cher Keïs, dirent-ils, ne pouvons-nous te soulager en rien?

— Si vous êtes mes amis, répondit Keïs d'une voix sourde, dites à Leïla que je suis dans les flammes de l'enfer, mais que je ne cesserai jamais de l'adorer, et qu'elle se garde de m'accuser d'ingratitude; puis, allez vers mon père et demandez-lui qu'il m'accorde la permission de faire un pèlerinage à la Mecque.

Les amis s'acquittèrent des messages et, le prince ayant accédé au désir de son fils, Keïs partit aussitôt pour le saint lieu; plusieurs soldats l'accompagnèrent, et, secrètement, le prince son père le suivit.

Lorsqu'il fut arrivé au terme du long et pénible voyage, Keïs se prosterna et commença à haute voix sa prière, avec un tel accent de ferveur et de désespoir, que tous les pèlerins qui priaient aussi se turent et l'écoutèrent.

— O Dieu puissant! gémissait-il, je suis écrasé sous ma douleur comme un moucheron sous un rocher, et cependant je vis pour endurer des tortures inouïes. Si tu ne dois pas enlever de dessus ma poitrine le poids qui l'oppresse, retire-moi de ce monde, car l'enfer même est préférable à une pareille vie. Mon âme est brisée en mille débris, qui tous souffrent et hurlent; n'entendras-tu pas cette plainte, plus affreuse que celle des damnés? laisseras-tu dans une telle torture l'œuvre de tes mains?

Vois, le souffle passe par mes lèvres comme une flamme dévorante, chacun de mes cheveux pleure une goutte de sang, mes yeux sont pleins du sable du désert, et mon esprit est comme une chair brûlée vivante. Aie pitié de moi, ô Dieu clément, rends-moi Leila ou envoie-moi la mort!

Lorsqu'il se releva, Keïs vit son père près de lui; le prince serra son fils dans ses bras en pleurant.

— Enfant bien-aimé, lui dit-il, pardonne-moi de t'avoir fait souffrir; je voulais ton bien, et je ne savais pas cet amour si profondément enraciné dans ton cœur. Mais je veux réparer le mal que j'ai fait : j'irai vers le chef des Nadites et, si je puis vaincre sa haine, je te ramènerai ta fiancée.

— Ah! mon père! s'écria Keïs, c'est aujourd'hui que vous me donnez la vie.

Le prince partit en effet pour le camp des Nadites, et Keïs attendit avec angoisse son retour; mais il le vit revenir seul, le visage bouleversé par la colère.

— Oh! mon fils infortuné, s'écria-t-il, tant que le père de Leïla vivra, Leïla est perdue pour toi!

Keïs fut comme un arbre frappé de la foudre, qui demeure debout bien que la sève soit réduite en cendres; il se tint longtemps à la même place, les yeux hagards, ayant toute l'apparence d'un fou; puis, soudain, comme une gazelle blessée qui emporte avec elle la flèche mortelle, il s'enfuit dans le désert.

Bien des mois s'écoulèrent, sans apporter aucun soulagement à ses douleurs; il errait dans les plaines, sur les monts, dans les déserts, vivant de racines, fuyant la société des hommes. On ne le désignait plus que sous le nom de Medjnoun (l'Insensé).

Un jour, le jeune et puissant prince de Naufel passa près de Keïs, en revenant de la chasse, et fut attendri par cette profonde douleur.

— N'est-il donc aucun remède à ta souffrance? lui dit-il, l'espoir est-il donc tout à fait mort dans ton cœur?

Keïs secoua la tête avec accablement.

— Ecoute, dit Naufel, le père de ta bien-aimée est chef d'une tribu amie de celle dont je suis le maître. Mais ma tribu est deux fois plus puissante que la sienne. J'irai vers cet homme cruel, et je le menacerai d'entreprendre contre lui une guerre acharnée, s'il ne t'accorde pas sa fille pour épouse.

— Ne jouez pas avec le cœur d'un misérable, dit Keïs, dont les yeux se mouillèrent de larmes.

Le prince l'emmena avec lui, et peu de temps après ils se rendirent ensemble au camp des Nadites. Keïs, dont le visage était inconnu, put se glisser vers le quartier habité par les femmes et atteindre la tente de Leïla.

La jeune fille était au milieu de ses compagnes, qui s'efforçaient de la distraire de sa douleur; mais elle repoussait en pleurant leurs consolations.

— O vous qui n'avez jamais éprouvé les tourments de l'amour, gémissait-elle, comment auriez-vous compassion de mes maux? Ceux-là seuls qui ont souffert peuvent me plaindre et me comprendre. Avec un cœur sain et entier, ô mes amies, vous ne saurez jamais combien le mien est malade et déchiré. A quoi bon parler des abeilles à ceux qui n'ont pas senti leur piqûre? Mais au moins, n'allez pas comparer l'amour qui me dévore à d'autres amours frivoles; les amours des autres sont comme du sel que l'on tient dans la main, et moi, le sel est répandu sur mes plaies vives.

Keïs, brisé par l'émotion, s'était laissé tomber à genoux à l'entrée de la tente.

— Allah! s'écria-t-il, tous mes désirs tendaient vers ma bien-aimée; son absence était pour moi comme une flamme dévorante, et voici qu'au moment de la revoir, les forces me manquent et je tremble de peur.

En entendant cette voix, Leïla poussa un cri et sortit aussitôt. Elle entraîna Keïs dans sa tente, et tous deux se laissèrent tomber sur les coussins, étouffés par l'émotion, incapables de dire une parole, ne songeant plus à se plaindre de leurs souffrances passées, de la dureté du sort.

Mais le prince Naufel vint bientôt les arracher l'un à l'autre : le khan des Nadites était implacable.

— Au premier mouvement de ton armée, avait-il dit, Leïla sera morte, tuée par mes mains ; tu auras la victoire, c'est possible, mais tu ne vaincras pas ma volonté.

Il fallait fuir, pour revenir plus tard enlever Leïla, avant de commencer la guerre.

Ils partirent, et, peu de jours après, on envoya vers Leïla un messager afin de convenir avec elle du jour et des moyens de la fuite.

Le messager revint, avec cette terrible nouvelle : Leïla est mariée et l'époux emmène sa jeune épouse.

Mais elle faisait savoir à Keïs, par une lettre, que, malgré ce nouveau coup du sort, elle lui resterait fidèle, qu'elle se tuerait avant d'appartenir à un autre.

L'amant infortuné s'enfuit de nouveau dans le désert ; il reprit sa vie errante, redevint Medjnoun, l'insensé par amour, et de longs et tristes jours s'écoulèrent pour lui. Ceux qui le voyaient s'épouvantaient, il devenait légendaire, et l'on disait de lui :

« Il a les flancs desséchés et grêles, un vêtement usé, une chemise en lambeaux, il n'a pour se couvrir que les voiles de la nuit. Il est si terrible à voir que, pendant le jour, après le jour, partout on fuit sa rencontre, et, même lorsqu'il interrompt ses courses désolées, on est encore en alarmes. »

Enfin l'époux de Leïla vint à mourir, du chagrin que lui causaient l'aversion et la résistance de sa ravissante épouse.

On annonça cette bonne nouvelle à Medjnoun qui, à la surprise de tous, se mit à pleurer sur le sort de cet époux malheureux.

— Il est bien décidément fou, dirent les messagers, le voilà qui pleure sur ce qui devrait lui rendre la vie.

— Certes, dit Medjnoun, cet homme est à plaindre, car il a connu les tourments de l'amour.

Leïla accourut vers Keïs, mais il ne se leva même pas de la pierre sur laquelle il était assis.

— O bien-aimé! ne me reconnais-tu pas? dit-elle, pleine d'épouvante.

— Je te reconnais, Leïla, répondit Medjnoun, mais à quoi bon nous unir en ce monde? Mon amour s'est à tel point agrandi, qu'il a franchi les limites de la terre, mon désir est si vaste, que rien ne pourrait l'assouvir; la Leïla terrestre n'est pas celle qui convient à l'amour divin qui m'embrase.

— Hélas! dit Leïla en pleurant, il est fou!

— Non, dit d'une voix douce Medjnoun, qui pâlissait de plus en plus, mais à force de contempler le ciel de mon amour, mes yeux se sont aveuglés et ne peuvent plus voir la terre. C'est au paradis, Leïla, que se feront nos noces éternelles!

Keïs expira quelques instants après, dans les bras de sa bien-aimée, qui ne lui survécut que peu de jours.

Ainsi finirent le Roméo et la Juliette de l'Orient. On ensevelit les deux amants dans un tombeau magnifique, ombragé par un bosquet de rosiers.

TOUMADIR LA SOLAMIDE

Un jour, une réunion littéraire avait lieu chez le khalife Abd-el-Melik, qui régnait juste un siècle avant Haroun-el-Rachid; un poète fameux, nommé Cha-by, était présent.

— Quelle est, à ton avis, la femme poète la plus remarquable du paganisme? lui demanda le khalife.

— Seigneur, répondit Cha-by, c'est Toumadir la Solamide.

— Pourquoi lui accordes-tu le premier rang?

— N'est-ce pas elle qui a dit : « Tout doit

subir la mort, la mort si capricieuse dans ses coups. O destinée bizarre et cruelle! O Sakhr! ô mon frère! tu es parti, tu es allé boire à cette réserve d'eau, dont tous goûteront un jour l'amertume. »

— Mais, reprit Abd-el-Melik, peut-être est-elle plus poète encore, celle qui a dit de l'homme ravagé par un amour malheureux : « Il a les flancs desséchés et grêles, un vêtement usé, une chemise en lambeaux; il n'a pour se couvrir et se cacher que les voiles de la nuit. Il est si terrible à voir que, pendant le jour, après le jour, partout on fuit sa rencontre, et, même lorsqu'il interrompt ses courses désolées, on est encore en alarmes. »

Ces vers sont de l'amoureuse Leïla, continua le khalife, et je les préfère à ceux de Toumadir.

Cha-by n'osa rien répliquer, mais il continua à donner, à part lui, la préférence à Toumadir.

Cette femme était de la tribu des Beni-Solaim ou Solamides, on l'avait surnommée

Khansâ, c'est-à-dire la Camuse, à cause de son front proéminent, qui faisait paraître son nez déprimé. Elle avait épousé un des chefs des Solamides, nommé Mirdès, mais elle resta veuve après quelques années de mariage. Toumadir avait deux frères, qu'elle aimait tendrement, Moavia et Sakhr; ils moururent tous deux, d'une façon tragique, et la douleur de cette double perte inspira à la jeune femme ses plus beaux poèmes.

Moavia, l'aîné des deux frères, vit un jour, dans une fête solennelle qui réunissait plusieurs tribus, passer près de lui une belle jeune fille de la tribu des Mourrides, il la prit pour une femme de mœurs légères, l'appela et l'invita à l'accompagner.

— Ignores-tu donc, répondit la jeune fille avec colère, que je suis sous la protection de l'illustre chef Hachem, fils de Harmala?

— Que m'importe? s'écria Moavia, emporté par la passion, je saurai bien t'enlever à lui!

La belle Mourride s'enfuit, et alla raconter son aventure à Hachem.

— Qu'il vienne, s'écria le chef, et je jure qu'il ne sortira pas vivant de notre tribu.

Le défi fut rapporté à Moavia, et quelque temps après, il dirigea une expédition contre les Mourrides. Le frère de Toumadir s'avançait donc à la tête de sa petite troupe, lorsque, au moment où il touchait le territoire ennemi, un corbeau passa en croassant au-dessus de sa tête, tandis qu'une gazelle traversait la route, devant les cavaliers, de gauche à droite. C'était un double présage de malheur; tous furent effrayés, et Moavia ordonna à sa troupe de rebrousser chemin. Mais lui et quelques-uns de ses compagnons s'arrêtèrent près d'une réserve d'eau, pour faire boire leurs montures. Une femme les vit, les reconnut et alla prévenir en toute hâte le chef des Mourrides. Bientôt une troupe de guerriers fondit sur les Solamides; Hachem était parmi eux; il se précipita sur Moavia et le perça d'un coup de lance, un autre le renversa et lui fendit la tête.

On rapporta le corps de Moavia à la tribu,

et Toumadir, éperdue de douleur, improvisa le chant suivant :

« Quoi, une telle mort nous a frappés, et les monts de Tiar sont encore debout! et l'univers demeure tel qu'il était!

« Existait-il donc un homme, dans toutes les tribus, comparable à Moavia? Était-il un cavalier pareil au cavalier qui s'abreuva au réservoir d'eau de la vieille femme traîtresse? Qui donc peut-on comparer à mon frère, quand l'audace et l'intrépidité l'emportaient?

« Quand l'ardeur de la guerre faisait se heurter les hommes corps à corps, quand la bataille en fureur retroussait, jusqu'aux crânes des guerriers, les longues cottes de mailles,

« Il n'en était pas de plus brave, de plus dévoué au salut de ses frères. Ah! jamais ne tariront les larmes versées pour toi, Moavia. Jamais ne s'arrêteront mes sanglots et mes cris de douleur! »

Toumadir tint parole; elle ne cessa de pleurer son frère et composa, plus tard, le poème suivant :

« Qu'ont-ils donc tes yeux, ô Khansa? Quoi! tes paupières sont inondées de larmes!

« Que les étoiles s'éteignent, que le soleil cesse de rayonner, il n'est plus, le fils de Amr, le rejeton d'un noble sang!

« Sa voix ne vibre plus; elle qui chanta tant de rimes, perçantes comme des fers de lance. Elles vivent parmi nous, ces poésies, et celui qui les a dites ne vit plus!

« O Moavia! les Mourrides t'ont tué; mais aussi combien de leurs cavaliers sont tombés sous tes coups!

« Que de femmes, belles et blanches comme l'aurore, tu as sauvées au milieu des combats, tandis qu'elles erraient, éperdues et leurs voiles en désordre, effrayées par la mêlée!

« Combien de chameaux de belle race as-tu pris à l'ennemi? comme tu les chassais devant toi, du haut de ta monture, les piquant de ton glaive!

« Combien de captives désolées tu as conduites devant toi, en troupes, comme de belles antilopes que mettent en émoi les premières gouttes de pluie!

« Moavia, il ne peut exister sous le ciel une douleur pareille à la mienne! »

Sakhr, le plus jeune des fils de Amr, voulut venger la mort de son frère; il attaqua les Mourrides et en massacra un grand nombre.

« Nous les avons, dès l'aurore, salués mortellement, s'écrie-t-il, et nos lances jusqu'à la hampe étaient engainées de leur sang.

« Mais je veux la réduire aux abois, cette tribu; nous en tuerons de ces Mourrides, nous en écraserons jusqu'à ce qu'il n'en reste plus un. »

Pourtant ce fut un jeune cavalier d'une tribu amie, qui tua Hachem, le meurtrier de Moavia. Toumadir reconnaissante lui adressa les vers suivants :

« Je donnerais ma vie, et celle de tous ceux

qui me sont chers, pour te récompenser, beau cavalier djouchamide.

« Car en vengeant mon frère, tu as rafraîchi mes yeux, abîmés de larmes, et qui ne savaient plus ni dormir, ni laisser dormir les autres. »

Sakhr fut plus tard blessé mortellement, dans un combat resté célèbre sous le nom de la journée des Tamarins. Il reçut un coup de lance dans le flanc, et le fer, en pénétrant, entraîna dans la blessure un anneau de la cotte de mailles. La plaie s'irrita; il s'y forma une tumeur, et le blessé languit près d'une année, dans les plus cruelles souffrances. A la longue, sa femme, Selma, se fatigua de lui et le prit en dégoût. La mère de Sakhr, au contraire, soignait son fils avec la plus tendre et la plus patiente sollicitude. Un jour, le blessé entendit de son lit de douleur une étrangère demander à sa femme :

— Comment va ton mari? — Hélas! que te dirai-je? s'écria Selma; ce n'est ni un vivant, pour qui on puisse espérer, ni un mort sur qui on puisse pleurer. Cet homme-là nous abreuve d'amertume.

C'est alors que le triste blessé improvisa les vers suivants :

« La mère ne se lasse pas, elle, de soigner son enfant, mais voici l'épouse, ennuyée déjà de la couche et de la demeure de son mari.

« Va, je ne crains pas de devenir cadavre, et si j'en avais la force, je m'acheverais moi-même, pour que tu puisses me pleurer.

« Ah! Selma, tu m'as réveillé de mon sommeil, tu m'as ouvert les yeux sur toi-même.

« Tu m'as montré que la mort est plus douce que la vie. Je pars, mais que tout homme estimant sa femme à l'égal de sa mère, ne trouve que des jours de misère et de mépris! »

Le malheureux, désespéré, demanda son sabre, sous prétexte de voir s'il pouvait encore le porter. Il ne put soulever l'arme qui s'échappa de ses mains. Il se laissa faire alors une opération qu'il savait devoir hâter sa mort, et il dit à Toumadir éplorée :

« Chère sœur, les souffrances ont mille formes dans ce monde, le bonheur est peu de chose.

« Désormais, pour moi, plus de courses, plus de voyages, plus de combats, mais ma mémoire durera tant que durera le mont Acib. »

Il mourut et fut enseveli sur le territoire de sa tribu, au pied de ce mont Acib.

Toumadir vit se rouvrir l'écluse de ses larmes, et répandit sa douleur dans de nouveaux poèmes.

« Hélas! s'écria-t-elle, celle qui verse des pleurs cuisants, pleure un frère séparé d'elle par un voile de terre.

« Dans la demeure, veuve de ses enfants, je me tords les bras en gémissant.

« Non, la chamelle privée de son chamelin nouveau-né, qui pousse des plaintes de tendresse et des cris de désespoir, qui ne s'engraisse plus à aucun pâturage et, folle de chagrin, va et cherche de tous côtés,

« Ne donne qu'une faible image de la douleur dont je suis accablée, depuis que Sakhr m'a quittée. Hélas! hélas! le temps a ses jours de douceur et ses jours d'amertume.

« Sakhr était le maître, le souverain de nos tribus; pour tous, il égorgeait ses troupeaux, dans les jours pénibles de l'hiver.

« Lorsque le froid et le besoin poussent les chameaux du voyageur à courir au premier abri, et que la faim leur fait saillir les côtes,

« Dans ces jours-là, les hôtes qui descendaient à la demeure de Sakhr, trouvaient toujours la table prête et les mets bouillants.

« Ah! maintenant qu'il n'est plus, qui donc recueillera l'étranger, lorsque du nord soufflent ces vents terribles, dont les sifflements font trembler les échos?

« Que la tribu en deuil rappelle tes vertus, ô Sakhr, et qu'elle te pleure sans relâche, car tu étais son héros. »

Jamais la verve de Toumadir ne tarissait, lorsqu'il s'agissait de chanter ses morts bien aimés. Ses poésies roulent toujours sur le même sujet. Nous citerons une élégie encore, la plus célèbre, et qui est passée dans les chants publics :

« Coulez, ô mes larmes, coulez sans relâche, le plus généreux des hommes n'est-il pas couché sous la poussière ?

« N'est-il pas parti pour toujours, l'homme plein de courage et de beauté ? le héros de la tribu ?

« Le héros au long baudrier, à la taille pareille à une svelte colonne, celui qui déjà était roi de nos tentes avant que la barbe ne frise à son menton ?

« Tous les hommes font force de bras vers la gloire, lui aussi il lui tendit les mains; mais il arriva par delà la hauteur de tous, et, l'ayant dépassée, il s'éleva encore.

« Quand les dangers fondaient sur nos tribus, c'est en lui qu'elles mettaient leur espoir, en lui, si jeune encore, si nouveau dans la vie.

« Aussi les plus illustres parmi nos Solamides pleurent le doux héros, et des larmes inondent leur barbe.

« Et les jeunes femmes, qui accompagnaient le brancard de feuillage où était couché mon frère, s'écriaient : Malheur! malheur! Sakhr n'est plus.

« Ah! que ne sont-ils morts au berceau, ceux qui plus tard devaient ainsi le conduire à cette tombe prématurée! »

Toumadir vit se lever l'islamisme, et embrassa même la foi nouvelle. L'an 8 de l'hégire, Abbâs, son fils, chef suprême des Solamides, à la tête de sa tribu, vint faire sa soumission au Prophète. Toumadir fut présentée à Mahomet et lui récita des vers. Il la reçut avec honneur, la félicita de son talent et de sa grande célébrité.

Plus tard, Mahomet, voulant citer un vers de Toumadir, laissa voir combien il s'entendait peu à la règle prosodique : il faussa la mesure, changea les mots de place et estropia le vers complètement. Abou-Bekr, qui s'aperçut de l'erreur commise par son maître, répéta le vers tel qu'il devait être.

— Qu'importe? dit Mahomet, c'est la même chose.

— Certes, reprit Abou-Bekr, tu justifies ces paroles, que Dieu a révélées dans son saint Koran : « Nous n'avons pas appris à notre Prophète la versification; il n'en a pas besoin. Le Koran n'est qu'un enseignement, une lecture simple et claire. »

LA FAVORITE DE MAHOMET

Le prophète revenait victorieux d'une expédition contre les Mostalik; on avait campé, le dernier soir, à peu de distance de Médine, et l'on s'était remis en marche avant le jour.

Au moment où le soleil glissa du bord du ciel ses premiers rayons sur la campagne, il fit étinceler la cotte de mailles et la lance d'un retardataire, qui pressait l'allure de son chameau en l'excitant de la voix. C'était un jeune guerrier, bien fait et de bonne mine sous le léger casque damasquiné; mais il paraissait fort contrarié d'être resté en arrière : dans son profond sommeil, il n'a pas entendu le signal du départ, et vient de s'éveiller seul, dans le camp abandonné. Il fait tous ses efforts pour rattraper l'armée. Houp! houp! le chameau allonge le cou et jette en avant et en arrière ses jambes noueuses, qui semblent vouloir quitter son corps : mais, brusquement, le jeune homme tire sur la bride, arrête l'animal avec un cri de surprise.

Il vient d'apercevoir une femme, enveloppée dans ses voiles, assise sur une pierre, le coude sur le genou, le menton dans la main; et, cette femme, il a bien cru la reconnaître.

Vivement il revient sur ses pas, s'approche d'elle, et elle lève la tête vers lui, laissant voir deux yeux humides entre des nuages de gaze.

— Nous sommes à Dieu et nous retournerons à lui! s'écrie le jeune homme; c'est Aïchah, l'épouse du prophète!

— Hélas! mon voile est donc un cristal pour tes yeux, Safivân, fils de Moattal? dit Aïchah. Comment se fait-il qu'au premier regard tu m'aies ainsi reconnue?

Safivân se laissa glisser à bas de sa monture.

— Avant que le Koran ait défendu aux femmes de se laisser apercevoir par des étrangers, dit-il, plusieurs fois, tu le sais, j'avais pu te contempler.

— Mais, sous le rempart des mousselines, une femme ne peut être distinguée d'une autre.

— Crois-tu que sur d'autres épaules les plis du voile auraient autant de grâce? dit Safivân d'une voix émue. Sais-tu des yeux qui, comme les tiens, mêlent le feu du soleil aux ombres de la nuit?

Aïchah détourna vivement la tête, et le jeune homme, regrettant ce qu'il avait dit, baissa les yeux vers la terre.

Il reprit, après un silence troublant :

— Daigneras-tu m'apprendre pour quel motif cruel tu es ainsi abandonnée?

— Je me confie à toi, dit Aïchah; écoute mon étrange aventure. Tu le sais, quand l'apôtre de Dieu entreprend un voyage, il a coutume de choisir, par la voie du sort, une de ses femmes pour l'accompagner. Cette fois, le sort m'a favorisée, et je suis partie avec lui. Depuis que le Koran nous a imposé le devoir de nous soustraire aux regards des hommes, je voyage dans une litière fermée, portée par un chameau. Quand l'armée campe, on dépose à terre la litière, pour m'en faire sortir; j'y rentre au moment du départ, et deux esclaves la soulèvent et la placent sans effort sur le chameau, mince et légère comme je le suis. Cette nuit, tandis que l'on pliait les bagages pour se mettre en route, je fis quelques pas rapidement pour me réchauffer, car je frissonnais de froid. En revenant, je m'aperçus qu'un collier en onyx de Zhafar, auquel je tiens extrêmement, était tombé de mon cou. Je retournai en arrière pour le chercher, et je perdis du temps à cette perquisition; enfin, ayant retrouvé mon collier, je me hâtai de regagner le camp. Alors, je ne vis plus personne, l'armée s'étant mise en mouvement. Les serviteurs chargés du soin de mon chameau avaient placé la litière sur son dos, croyant que j'étais dedans, et avaient emmené l'animal. J'ai crié, j'ai appelé, nul n'a répondu, et, m'enveloppant dans mon voile, je me suis assise là, où tu m'as trouvée, espérant qu'on découvrira bientôt mon absence et qu'on viendra me chercher.

Safivân fit agenouiller son chameau :

— Monte, fille d'Abou-Bekr, dit-il, et daigne accepter pour guide le plus respectueux de tes esclaves.

— Peut-être vaut-il mieux que j'attende, dit Aïchah hésitante.

— Y songes-tu? Quelque homme grossier pourrait te rencontrer et t'outrager.

Le jeune homme se détourna, tandis qu'Aïchah se mettait en selle; puis il prit l'animal par la bride et le guida par le chemin le plus doux, en silence, sans lever les yeux vers l'épouse du prophète.

Ils ne purent rejoindre l'armée qu'à la halte du matin, et la surprise fut grande de tous ceux qui virent s'avancer le beau guerrier, conduisant la monture d'une femme voilée; quelques-uns reconnurent Aïchah, et, quand ils étaient passés, derrière la poussière soulevée par les pieds du chameau, des chuchotements bourdonnaient; on faisait des conjectures : comment étaient-ils tous deux restés en arrière? comment revenaient-ils ensemble? Cela n'était pas clair, ou plutôt cela l'était trop; mais Aïchah et son guide traversaient les rangs des soldats et des tentes, sans entendre cette sourde rumeur, sans voir l'ironie sournoise des regards qui les suivaient.

De retour à Médine, Safivân garda de cette aventure une tristesse rêveuse; la jeune femme l'oublia, et ni l'un ni l'autre ne soupçonnèrent l'orage qui s'amassait autour d'eux.

Un mois plus tard, Aïchah était dans le harem, recevant une amie qui venait la visiter. Toutes deux, à demi couchées sur des coussins, grignotaient des friandises, que leur servait l'esclave préférée : Bouraïra. Mais la visiteuse était préoccupée; à chaque moment ses longs sourcils noirs se fronçaient, et des éclats de colère passaient dans ses yeux. Tout à coup, elle repoussa le sorbet qu'on lui offrait, en s'écriant :

— Périsse Mistah !

— Que t'arrive-t-il ? dit Aïchah en riant, pourquoi cette malédiction ? comment peux-tu souhaiter du mal à un guerrier qui a vaillamment combattu à Bedr, pour la cause de Dieu ?

— Dans quelle retraite vis-tu donc, fille d'Abou-Bekr ? est-il possible que tu ne saches rien des calomnies que Mistah a répandues sur toi, et qui sont le sujet de toutes les conversations !

— Que veux-tu dire ? s'écria Aïchah en se levant, pâle et tremblante, quelles calomnies peut-on répandre contre moi ?

— On dit que tu as trahi ton époux, et que ton complice est Safivân, fils de Moattal ; les plus acharnés à t'accuser sont Hamna, la fille de Djatch, Hassan, Abdallah, et plusieurs autres de la tribu de Khazradi.

A ce moment, Oumm-Rouman, la mère d'Aïchah, entra dans la salle.

— Dieu vous pardonne! s'écrie la jeune femme, en courant à elle, tout éplorée. Quoi! l'on déchire ma réputation et vous ne m'avertissez pas!

— Calme-toi, ma fille, dit Oumm-Rouman, il est bien rare qu'une femme jeune et belle comme toi, la préférée de son époux, et qui a plusieurs rivales, échappe aux traits de la médisance.

— Par malheur, dit la visiteuse, tout le monde sait, qu'avant le mariage d'Aïchah, Safi-vân était amoureux d'elle, et qu'il faillit mourir de douleur, lorsqu'elle fut perdue pour lui.

— Le Prophète est-il instruit de cette horrible accusation? demanda Aïchah.

— On ne sait, il n'en parle pas; peut-être l'ignore-t-il, dit Oumm-Rouman.

— Oh! si, si, il sait! s'écria la jeune femme en se tordant les mains; c'est pour cela que, depuis quelque temps, il me montre tant de froideur. J'ai cru qu'une autre de ses femmes détournait de moi l'amour du maître, et je demandais à Dieu la résignation; mais maintenant je vois clair : il me croit coupable, il songe à me répudier !

Un bruit de pas rapides se fit entendre, et Abou-Bekr se précipita dans le harem, si brusquement que la visiteuse n'eut pas le temps de se voiler. Il était hors d'haleine, avec le visage bouleversé,

— Ah! ma fille! un scandale affreux à la mosquée! dit-il d'une voix entrecoupée; tu es perdue!

Les trois femmes, épouvantées, l'interrogeaient.

Alors il raconta comment le Prophète, mortifié des bruits calomnieux qui frappaient sans cesse ses oreilles, était monté en chaire et avait dit :

— Musulmans, on tient des propos qui me blessent. Comment se permet-on d'attaquer une personne de ma maison, dont la conduite a toujours été irréprochable, et un homme dont je n'ai jamais eu qu'à me louer?

Aussitôt plusieurs chefs s'étaient levés, parmi l'assistance, les uns pour prendre la défense d'Aïchah, les autres pour l'accuser; ils avaient échangé des paroles violentes, s'étaient porté des défis, en étaient venus aux coups. A grand'peine, l'apôtre de Dieu, descendant de la chaire, avait apaisé le tumulte, et, déclarant qu'il voulait mettre un terme à cette affaire, par une décision définitive, il avait appelé Aly, son cousin, et se dirigeait avec lui vers la demeure d'Aïchah, pour la juger.

— J'ai pris un chemin plus court, ajouta Abou-Bekr accablé, et en toute hâte je suis venu t'avertir; mais je ne les précède que de quelques minutes et je ne peux détourner le coup qui te menace.

— Même condamné, l'innocent ne doit pas courber le front, dit fièrement l'épouse du Prophète.

Déjà le maître avait franchi le seuil du logis. Aly écarta un rideau et appela la jeune suivante, Bouraïra, pour l'interroger.

— Hélas! ils vont la torturer! s'écria Aïchah, en voyant qu'Aly était armé d'un fouet.

Bientôt, en effet, on entendit les cris affreux de la malheureuse esclave.

On voulait savoir d'elle si Safivân n'avait pas eu quelque relation antérieure d'intimité avec Aïchah. Elle déclara que jamais sa maîtresse n'avait manqué à ses devoirs, et malgré les coups dont Aly l'accablait, pour lui arracher des aveux, elle persista dans son témoignage.

Alors Mahomet entra dans le harem. Il était très pâle, et un léger tremblement agitait ses lèvres.

L'accusée s'était jetée sur le divan et pleurait, appuyée à l'épaule de son amie. Il vint s'asseoir auprès d'elle et prononça la formule :

— Louange à Dieu, le maître de l'univers, le clément, le miséricordieux ! Il dit ensuite : Tu sais, Aïchah, les bruits qui courent contre toi? Si tu as commis une faute, avoue-le avec un cœur repentant; Dieu est indulgent et pardonne au repentir.

Aïchah fit un violent effort pour arrêter ses sanglots.

— Je n'ai rien fait dont je puisse me repentir, dit-elle ; si je m'accusais, je mentirais à ma conscience. D'autre part, j'aurais beau nier l'imputation dont on me charge, on ne me croira pas. Dans cette position, je ferai comme.....

Elle s'arrêta ; le nom de Jacob qu'elle cherchait lui échappait, tant elle était troublée.

— Je dirai comme le père de Joseph, reprit-elle. *Patience, et que Dieu me soit en aide !*

A ce moment, le Prophète fut saisi d'une de ces défaillances qui précédaient souvent ses révélations. Il devint livide et perdit connaissance. On l'enveloppa dans un manteau, Aïchah lui mit un coussin sous la tête, et tous gardèrent le silence. La jeune femme n'éprouvait aucune alarme, tandis qu'il était ainsi en communication avec le messager céleste ; mais son père et sa mère, quelles transes affreuses les glaçaient ! On eût dit qu'ils allaient mourir de la crainte que le ciel ne confirmât l'accusation portée contre leur fille.

Après quelques instants, Mahomet revint à lui; il essuya son front, couvert de sueur, quoique l'on fût en hiver, et regarda Aïchah en souriant.

— Réjouis-toi, lui dit-il, ton innocence m'a été révélée d'en haut.

— Dieu soit loué! s'écria-t-elle; il a daigné prendre la défense d'une faible et indigne créature comme moi.

Le Prophète sortit aussitôt de la maison et récita aux musulmans les versets du Koran qu'il venait de recevoir du ciel.

On trouve les versets dont il s'agit au vingt-quatrième chapitre du Koran. Ils commencent ainsi :

« Ceux qui accuseront d'adultère une femme vertueuse, sans pouvoir produire quatre témoins, seront punis de quatre-vingts coups de fouet; au surplus, vous n'admettrez plus jamais leur témoignage en quoi que ce soit, car ils sont pervers. »

Cet oracle fit cesser les propos. Les accusateurs confondus devinrent l'objet de la réprobation générale, après avoir subi la punition. Aucune médisance ne vint plus ternir la réputation d'Aïchah, et le Prophète éprouva jusqu'à la mort la plus vive tendresse pour son épouse préférée.

LES SÉVÉRITÉS DU KHALIFE

A travers le bazar, plein d'animation et de bruit, entre les étalages des bouchers, des marchands de fruits, des confiseurs, un homme, vêtu d'une robe rapiécée et coiffé d'un turban d'étoffe sombre, circulait, tenant à la main une baguette flexible avec laquelle il jouait nerveusement, tapotant les plis de sa robe, cinglant l'air, de-ci, de-là, comme s'il infligeait des corrections à d'invisibles coupables. Deux jeunes hommes, très simples dans leur costume, suivaient le premier, d'un air grave et respectueux.

La foule s'écartait devant les trois promeneurs, les suivait d'un regard craintif, et, tant qu'ils étaient en vue, marchands et acheteurs faisaient silence. C'est que chacun reconnaissait le khalife Omar, venant, selon sa coutume, faire lui-même, incognito, la police du bazar et de la ville, accompagné de ses deux fils.

— Hé, boucher, as-tu renoncé à fausser tes poids et tes balances, ou faut-il renouveler la punition? cria le khalife à un gros homme, dont la face cramoisie devint subitement pâle.

Mais Omar tourna le dos et, avisant une laitière dans sa modeste boutique, il l'interpella :

— Femme, dit-il, je t'ai avertie déjà que tu ne dois pas mettre d'eau dans ton lait.

— Ah! prince des croyants, répondit la laitière, je te certifie que je n'y ai pas mis d'eau.

— Comment, ma mère! s'écria, comme malgré elle, une jeune fille qui mesurait le lait : à la fraude tu ajoutes le mensonge?

Omar sourit et s'éloigna, sans rien dire de

plus à la laitière, la jugeant assez punie par le reproche de sa fille; mais il se retourna vers ses fils :

— Voici, dit-il, une jeune fille qu'Allah a parfumée de ses grâces; il lui donnera une descendance vertueuse comme elle. Lequel de vous deux veut la prendre pour femme?

— Moi, je l'épouse, dit Akim, le plus jeune des fils d'Omar.

Le khalife continua sa tournée; puis bientôt il sortit de la ville et gagna une briqueterie.

Là, il ôta sa tunique, et, se mêlant aux ouvriers, commença à pétrir la terre glaise pour former des briques.

A cette époque les khalifes étaient pauvres et intègres; ils ne détournaient pas encore pour leur usage un seul denier du trésor public et travaillaient, pour vivre, au métier qu'ils savaient faire, pendant les heures que leur laissaient les soins de l'État.

Donc Omar faisait des briques.

Tandis qu'il était ainsi occupé, des envoyés d'une ville importante vinrent se plaindre à lui d'un cadi, qui s'était montré injuste dans plusieurs cas. Le khalife, les mains gantées de terre glaise, écouta attentivement l'accusation, vérifia les preuves et, prenant une brique encore molle, il y écrivit du bout du doigt la révocation du cadi, remit la brique aux messagers, qu'il congédia; puis il continua son travail.

La journée finie, il fit ses ablutions au bord d'un *oued*, et rentra dans la Mecque avec ses deux fils.

*
* *

Le soleil couchant empourprait les créneaux des remparts, la brise fraîchissait, l'heure était délicieuse.

Au moment où il allait franchir le pont-levis pour pénétrer dans la ville, Omar aperçut le corps d'un homme étendu au revers d'un fossé.

— Dort-il, celui-ci? est-il mort? demanda-t-il en s'arrêtant.

Les fils du khalife s'approchèrent du corps immobile.

— Il est mort, prince des croyants.

— Et mort assassiné, dit Akim.

C'était un tout jeune homme, imberbe encore, à la joue veloutée et douce; il était à demi nu, et, sur sa blanche poitrine, près du cœur, les lèvres béantes d'une blessure semblaient demander vengeance.

— Allah! s'écria le khalife, je fais le serment de ne jamais laisser impuni le meurtre d'un Musulman. Celui-ci sera vengé.

Il appela les gardes du bastion, fit enlever le cadavre, et ordonna que l'on commençât sur-le-champ une enquête minutieuse, pour découvrir les traces et l'auteur du crime; puis il continua son chemin, irrité et sombre.

La nuit venait, on y voyait à peine dans les rues étroites.

Tout à coup des plaintes et des soupirs, capables d'émouvoir le cœur le plus froid, se firent entendre.

— Qu'est-ce encore? dit le khalife en prêtant l'oreille.

Les cris s'échappaient à travers le moucharabi d'une élégante maison.

— C'est une voix de femme, dit Abd-Allah.

— Au milieu de ses larmes elle parle, dit Akim. Une femme parle toujours.

Ils écoutèrent.

— Ah! donnez-moi du vin, que je puisse étouffer ma douleur dans l'ivresse, en perdant l'esprit et le souvenir! je vis dans les flammes d'un bûcher, mon cœur est un brasier qui me dévore, éteignez-le avec du vin, puisque Nazare, fils de Hadjadj, le seul baume qui me rafraîchirait, n'est pas auprès de moi. Je suis ivre, ivre d'amour, pour le plus beau des hommes. Hélas! avoir vu son visage divin et ne plus le voir, c'est comme être plongée dans un cachot sans jour après avoir vu le soleil. Ah! être aimée de Nazare, c'est avoir sur terre sa part de paradis!

— Qui donc habite cette maison? demanda le khalife à un passant.

Celui-ci haussa les épaules :

— Tu écoutes les plaintes de l'amoureuse Karia? dit-il, les échos sont lassés de les entendre. Le maître de cette demeure, c'est Mourirah, fils de Choa.

— Une femme mariée! s'écria Omar avec colère.

Il rentra au palais et ordonna qu'on fît rechercher dans la ville Nazare, fils de Hadjadj, et qu'on le lui amenât le lendemain.

Nazare était chez lui, près de sa mère, lorsqu'on vint le chercher pour le conduire devant le khalife.

— Que me veut le prince des croyants? demanda le jeune homme.

— Nous n'avons pas mission de le savoir, répondirent les envoyés.

Nazare se rendit chez le khalife, et sa mère, inquiète, le suivit.

C'était l'heure des audiences. Omar était entouré d'une nombreuse assemblée, quand le beau jeune homme se présenta devant lui. Aussitôt qu'il parut, un silence d'admiration s'établit; tous les regards, enchaînés par cette merveilleuse œuvre de Dieu, ne pouvaient plus se détacher d'elle. Omar lui-même demeura stupéfait à l'aspect de tant de beauté, de noblesse et de grâce. Loin d'en être touché, pourtant, il n'en conçut que plus d'irritation et interpella le jeune homme d'une voix sévère :

— Qui es-tu donc, toi, que les femmes honnêtes, du fond du harem sacré, appellent et convoitent avec cris et pleurs?

— Je suis Nazare, fils de Hadjadj; ma vie est pure et sans reproche.

— Que n'as-tu jamais eu de mère! C'est Iblis qui a mis ce rayonnement et cette magie dans tes yeux, cette majesté sur ton front; c'est lui qui a roulé et lustré, pour la perdition des femmes, les boucles de cette superbe chevelure qui encadre ton visage si merveilleusement. Par Allah! je veux te dépouiller, au moins, de cette trop riche parure!

Omar fit aussitôt mander un barbier : les beaux cheveux, doux et embaumés, tombèrent sous le rasoir. Nazare, triste et fier, se soumit sans résistance. Mais, l'opération terminée, il apparut plus ravissant encore qu'auparavant à l'assistance ébahie.

— Certes! s'écria le khalife, avec un rire ironique, te voilà mieux encore que tout à l'heure! Cette chevelure coupée, comme un voile que l'on enlève, nous a révélé des charmes nouveaux.

— Pourquoi me railler ainsi, émir des croyants? Quelle faute ai-je commise pour être si durement traité?

— Ah! la faute serait à moi, je serais vraiment criminel, si je laissais vivre, dans la Ville Sainte, un homme qui a fait perdre ainsi toute pudeur aux femmes : je t'ordonne de quitter la Mecque et de n'y jamais revenir. Le chameau qui doit t'emmener à Bassora t'attend dans la cour.

A ce moment la mère de Nazare s'avança tout en larmes :

— Successeur du Prophète! s'écria-t-elle, nous serons un jour tous deux en présence d'Allah, le Très-Haut. Il te demandera compte de la vie de tes fils Abd-Allah et Akim : il te demandera s'ils ont passé leurs jours et leurs nuits près de toi. Songe qu'alors je lui dirai : il a mis des déserts et des vallées entre moi et mon enfant, tandis qu'il jouissait de la vue de ses fils.

— Mes fils à moi ne sont pas beaux; les femmes ne les appellent pas par des cris d'amour, répondit brusquement le khalife.

— Parce qu'une femme a chanté ses désirs, peut-on exiler un homme sur lequel ne pèse pas même un soupçon de faute?

— Assez! dit le khalife, les sourcils froncés. Qu'il parte sur l'heure! Tant que j'aurai le pouvoir, il ne reviendra pas ici.

.˙.

Omar demanda ensuite où en était l'affaire de l'adolescent assassiné, et si on avait trouvé le coupable. On lui répondit qu'il avait été impossible de découvrir le plus faible indice : personne ne connaissait la victime, personne ne la réclamait. Le maître voulut que sans relâche on poursuivît les recherches; on obéit, mais les jours et les mois suivants n'amenèrent aucune découverte. Le khalife, très soucieux de savoir ce crime impuni, malgré son serment, ne voulait pas renoncer à l'espoir de retrouver le meurtrier.

A la fin de cette même année, on lui apporta un enfant nouveau-né, qui avait été déposé à l'endroit même où l'on avait relevé le cadavre.

— Ah! grâce à Dieu, s'écria Omar, je suis maître à présent du criminel.

Il fit venir une nourrice et lui confia l'enfant, en lui recommandant d'en prendre soin, de se promener souvent, avec lui, dans les jardins publics.

— Maintenant, écoute bien mes paroles, ajouta-t-il : si quelque personne vient à toi pour examiner cet enfant, te prie de le lui laisser prendre un instant, si tu rencontres une femme qui l'embrasse et le serre dans ses bras, en grand secret viens m'avertir.

La nourrice promit d'obéir et s'en alla, emportant le nouveau-né.

Elle lui donna ses soins avec amour, et l'enfant s'épanouit comme une fleur d'une extrême beauté. Un jour qu'elle se promenait en le tenant sur son bras, la nourrice vit s'approcher une esclave qui, sans hésiter, l'aborda.

— Par les jours de son balcon, lui dit-elle, ma maîtresse a aperçu cet enfant; il lui a semblé si joli qu'elle te prie de le laisser venir un moment près d'elle. Cela égayera sa solitude. Je te le ramènerai bientôt.

— Je consens à te suivre, répondit la nourrice, mais je ne me sépare pas de mon enfant.

L'esclave la guida vers une maison somptueuse et l'introduisit dans le harem. Une belle jeune fille, à l'air noble et fier, les attendait. Lorsqu'elle vit l'enfant, une émotion extrême l'agita; elle l'attira près d'elle, le prit sur ses genoux, lui baisa les cheveux en lui disant mille tendresses; les friandises les plus délicates étaient préparées pour lui et, quand il fallut le quitter, la jeune fille le serra sur son sein en dévorant quelques larmes.

En sortant, la nourrice s'informa des habitants de cette maison et alla aussitôt faire son rapport au khalife.

La jeune fille se nommait Saleha; son père était un scheik vénéré, qui avait connu et suivi le Prophète, en disciple dévoué.

Omar, sûr de tenir le coupable, prit son sabre, qu'il cacha sous ses vêtements, et se rendit à la demeure du scheik. Il le trouva assis sur un tapis, près de la fontaine, dans la cour intérieure.

— Salut, scheik illustre! lui dit-il, comment se porte ta fille Saleha?

— Prince des croyants, c'est un bien grand honneur pour elle que d'occuper ton esprit : c'est la récompense, sans doute, de sa piété et de sa conduite exemplaire, dont la renommée sera venue jusqu'à toi.

— C'est cela même, dit le khalife, et je désire avoir avec elle une entrevue, pour l'exhorter à persévérer dans les œuvres vertueuses et à donner toujours l'exemple à son sexe.

— Que Dieu t'accorde longue vie, répondit le scheik; demeure ici un moment, je vais prévenir ma fille.

Peu après le khalife pénétrait dans l'appartement des femmes. Saleha, qui s'était voilée, s'avança vers lui pour le saluer. Autour d'elle étaient ses esclaves.

— Éloigne toutes ces filles, dit Omar.

Saleha, un peu tremblante, fit signe aux esclaves de sortir. Aussitôt qu'ils furent seuls, le khalife tira de dessous son manteau son glaive nu.

— Je suis ici pour la justice, dit-il, c'est Allah qui m'a éclairé les ténèbres; tu as assassiné ton amant et abandonné ton fils; deux fois coupable, tu dois expier tes crimes.

La jeune fille arracha son voile brusquement et montra un visage pâle et fier, de beaux yeux où brillaient des larmes d'indignation.

— Comment oses-tu décider, ne sachant rien, ni quelle est la victime, ni quel est le coupable? dit-elle d'une voix ferme. Oui, tu as trouvé ce que tu cherchais. J'ai tué un homme, j'ai abandonné mon fils. Et je n'ai commis aucun crime.

— Je t'écoute, dit Omar en s'asseyant sur le divan. Mais songe que celui qui n'a jamais menti, le mensonge ne le trompe pas.

Saleha essuya ses larmes, s'adossa à la muraille et croisa ses bras sur son sein.

— Je ne sais pas mentir, dit-elle, et je n'ai rien à cacher. Juge-moi donc, prince des croyants.

Je connaissais depuis mon enfance une amie de ma mère, une femme sérieuse et bonne qui m'aimait tendrement et me traitait comme si j'eusse été sa fille; quand je devins orpheline, elle remplaça vraiment ma mère auprès de moi. J'adorais cette femme, je la choyais, je lui obéissais en tout. Un jour, elle vint m'annoncer avec chagrin qu'elle était obligée d'entreprendre un voyage qui durerait plusieurs années. A la tristesse de me quitter se joignait, pour elle, l'inquiétude de laisser sa

15.

fille, qu'elle aimait tant, sans protection. « Je suis veuve, disait-elle, je n'ai plus de parents. A qui puis-je confier cette jeune fille innocente, si ce n'est à toi? Je veux te l'amener, alors je partirai tranquille. — Pourquoi ne suis-je pas depuis longtemps l'amie de ta fille? lui dis-je, pourquoi ne m'avoir jamais parlé d'elle? — Elle était trop jeune et achevait son éducation, aujourd'hui tu la connaîtras. » Elle me quitta, et revint bientôt avec sa fille. Celle-ci avait l'air doux et timide; elle m'embrassa gentiment en me demandant d'être sa sœur. Je lui répondis que cela était déjà ainsi, puisque sa mère m'avait servi de mère. Nous fûmes amies bientôt, nous vivions dans la plus complète intimité, nous couchions dans la même chambre.

Hélas! une nuit, pendant que je dormais, quelqu'un se glissa dans mon lit, et, avant que j'eusse pu me reconnaître, je savais l'affreuse vérité : le fourbe que je croyais une fille était un jeune homme!

Mes cris, il les éteignit sous ses lèvres;

par la force de ses bras, il dompta ma résistance éperdue : il me déshonora. Mais je parvins à atteindre un poignard suspendu à la muraille et je le lui plongeai dans le cœur. J'appelai alors des serviteurs dévoués, qui me jurèrent le silence, je fis enlever le cadavre, et on le jeta à l'endroit où tu l'as trouvé. Plus tard, l'enfant, conçu dans la honte et les larmes secrètes, fut porté à la même place. Successeur du Prophète, voilà la vérité. J'ai gardé pour moi toutes les douleurs, mais j'ai sauvé l'honneur de la maison. Suis-je criminelle à tes yeux?

— Le criminel, c'est celui que tu as châtié comme il méritait de l'être ! s'écria Omar en se levant. Je le sens, tu m'as dit la vérité. J'admire ta vertu et ton courage : tu as étouffé le scandale, tu as su éviter à ton vieux père le chagrin du déshonneur. Persévère toujours dans les œuvres de bien et Dieu répandra sur toi ses grâces, t'admettra dans son paradis.

Le khalife adressa au ciel des vœux pour

Saleha, puis il sortit. Dans la cour il retrouva le vieux scheik.

— Ta fille est l'honneur de son sexe, dit-il, elle est vertueuse autant que sage. Je cherchais une femme digne d'élever un jeune orphelin que j'ai recueilli; c'est elle que je choisis. Élevé par elle, mon protégé deviendra un héros. Je t'enverrai l'enfant dès demain.

— Il sera reçu comme un présent de Dieu, dit le scheik, il sera la joie de mes vieux jours.

— Que la bénédiction d'Allah soit sur toi! dit Omar, en faisant un geste d'adieu.

ALY LE JUSTE

I

— Que veux-tu, femme? le Mauvais marche avec celle-là qui court hors du harem, après le soleil couché, et l'épaisseur du voile ne remplace pas la pudeur perdue.

Aly avait un visage sévère, mais la femme se jeta à genoux, les mains jointes, se tordant les bras, les coudes sur le divan.

— Pour celle qui a tout perdu, il n'y a plus de ménagements, cria-t-elle; qu'elle sauve au moins son âme!

En entendant cette plainte poignante, cet

accent si sincère de désespoir, Aly posa le calam, encore humide d'encre, et le parchemin sur lequel il traçait de mystérieux caractères.

— Parle, femme, dis douleur.

Elle rejeta son voile, laissant voir un tout jeune visage, charmant, et inondé de larmes.

— Je n'ai pas le droit de cacher ma rougeur, dit-elle, ni de dérober des traits qui ont été vus par plus d'un seul.

Aly, doux et froid, la regardait. Elle eut un sanglot, puis se raidissant, essuya vivement ses yeux avec son voile.

— Mon époux vénérable, dit-elle, je l'ai trahi. Le tentateur est venu, sous la forme la plus séduisante; il suppliait, il pleurait; on eût dit qu'il allait mourir, privé de moi; ses paroles étaient si douces, si tremblantes, qu'elles faisaient défaillir mon cœur. Puis elles devinrent chaudes et dévorantes comme l'ardent simoun du désert; leur souffle me desséchait, me brûlait, m'altérait irrésistiblement de la fraîcheur des baisers, et, comme la caravane longtemps égarée qui se rue, affolée de soif, à la source de l'oasis, j'ai bu, j'ai bu le poison de son amour!

— Qu'espères-tu, femme adultère? dit Aly, debout et irrité; la loi est formelle : tu seras lapidée. Croyais-tu donc que j'allais te pardonner ton crime?

— Ai-je demandé grâce? dit la coupable en se relevant, pâle et résolue. Je viens me livrer. J'ai commis le crime, je veux l'expier. Que ma chair soit meurtrie et déchirée, qu'elle ne fasse plus qu'une boue sanglante, un repas pour les chiens, et qu'ainsi elle sauve mon âme de l'enfer.

— La crainte de Dieu, seule, et l'horreur de ta faute te poussent-elles à cet aveu? D'autres ne peuvent-ils te dénoncer?

— Nul ne sait mon forfait, mais Dieu l'a vu, et j'attends le châtiment. O gendre du Prophète! l'époux absent revient, fais qu'il apprenne l'expiation avant l'outrage; fais qu'il retrouve morte celle qui n'est plus digne de vivre!

— Qu'Allah te pardonne dans l'autre monde, dit Aly, je suis esclave de la loi : tu subiras la peine que ton crime a mérité.

— Dieu soit loué! s'écria-t-elle; qu'il me punisse en ce monde, et me reçoive, purifiée, dans son paradis.

Aly la considérait, cherchant à surprendre en elle une défaillance, un frisson de peur en face de la mort. Elle avait les lèvres serrées et pâles, mais les yeux fixes et rayonnants d'enthousiasme.

— L'adultère est un crime complexe, dit-il, après un silence; il s'incarne souvent, et une fleur d'innocence s'élève entre les coupables.

La jeune femme se recula en étouffant un cri.

— Hélas! tu sais tout, ô toi, l'Agréable à Dieu. Oui, mon crime vit en moi et déjà mon flanc a tressailli.

— Alors, tu veux ajouter le meurtre à l'adultère? s'écria Aly. Tu veux refuser la vie à une créature d'Allah, charger ton âme de crimes?

Elle baissait la tête, éperdue.

— La justice est sans colère, reprit-il, elle peut attendre. Va, retourne au harem, garde ton secret, et nourris ton repentir. Quand l'être à venir respirera au jour, il sera temps d'expier.

— C'est bien, maître, dit-elle, quand l'enfant sera né, je reviendrai.

Et, remettant son voile, silencieusement elle s'enfuit.

Aly eut un sourire où la pitié s'aiguisait d'ironie.

— Bien avant que l'enfant soit né, le repentir sera mort, murmura-t-il.

Et, reprenant le calam séché, il se rassit à l'angle du divan et continua à tracer, sur le *Gefr*, de mystérieuses choses.

II

A quelques mois de là, la ville de Médine était pleine de rumeurs; partout la foule bourdonnait, irritée; on maudissait le nom d'Othman, le khalife; on l'accusait confusément; c'était presque une émeute.

Aïchah, la veuve de Mahomet, celle qu'on appelait maintenant : la Prophétesse, avait fait venir Aly, et elle lui parlait, avec agitation et colère, de la conduite du khalife et du mécontentement du peuple.

Elle était belle encore, la favorite du maître, majestueuse dans sa maturité, gardant un maintien grave, un peu infatuée du prestige qu'elle avait acquis depuis la mort du Prophète.

— C'est un sacrilège de toucher au trésor public, disait-elle, et d'employer l'argent de l'État à des dépenses privées.

— Othman, plusieurs fois déjà, a restitué les sommes qu'il avait prises, répondit Aly; il eût fait de même, et tout ce bruit est vain.

— C'est toi qui le défends! s'écria Aïchah, toi dont il a usurpé l'héritage, toi qui as plus de droits que lui au khalifat, toi dont il occupe la place!

— Un jour, répondit Aly avec calme, quand le saint Prophète nous eut quittés, Fathma, l'épouse chérie que Dieu m'a prise, révoltée par toutes les injustices dont nous étions victimes, voulut se plaindre publiquement. Au moment où elle s'élançait dehors, l'*Ezan* retentit au haut du minaret; on cria : « Dieu est Dieu et Mahomet est le Prophète de Dieu! » Écoute, Fathma, lui dis-je, le nom de ton père résonne aux quatre coins du ciel. Veux-tu que ce nom demeure? Veux-tu qu'il plane ainsi au-dessus des hommes, pendant les siècles à venir? Eh bien, ne récrimine pas, sacrifie les grandeurs humaines à la grandeur de la foi!... et Fathma n'a pas parlé.

— Il était noble, alors, d'agir ainsi. Mais les années ont passé, et la foi est invulnérable. Qu'Othman fasse une pénitence publique et te cède le pouvoir qu'il usurpe.

— Défie-toi, Aïchah, dit Aly avec un sourire mélancolique, ne prends pas trop ouvertement parti pour moi; souviens-toi de la prophétie : tu dois un jour devenir mon ennemie et me faire la guerre.

Aïchah eut un tressaillement et baissa la tête.

Par-dessus les murs du harem, à travers les jardins, les murmures de la ville agitée arrivaient confusément, mais la Prophétesse ne les percevait plus; elle écoutait autre chose, dans le passé, loin déjà : une voix chérie qu'elle n'entendrait plus. Et elle murmurait redisant les paroles du Prophète :

— « Une de vous sera égarée dans sa foi, elle fera un jour la guerre à Aly. » Nous étions toutes autour de lui, et Oummousalima demanda :

— Est-ce moi, maître?

— Ce n'est pas toi. Prends garde, Aïchah, que ce ne soit toi!

Et comme je me récriais, il ajouta :

— Souviens-toi du village de Zikâr, là, tu seras aboyée des chiens...

Aïchah releva le front, après une longue rêverie.

— Tu as raison, Aly, dit-elle; pas de dissension entre nous. Va, au nom du Prophète, toi, qui es de son sang, apaise les colères, étouffe l'émeute, et qu'Othman soit pardonné.

Et Aly s'en est allé par la ville, de place en place, de groupe en groupe.

Quand le soleil couchant empourpre les dômes des mosquées, Médine est paisible et silencieuse. Il gagne alors sa demeure, l'Agréable à Dieu, un peu las, d'un pas alourdi.

Une femme est là, près de sa porte, adossée au mur, s'y cramponnant toute chancelante.

— Qui es-tu, femme? dit Aly, et que veux-tu?

Alors, elle ôta son voile et se laissa voir, pâle, pâle comme si tout son sang avait coulé, les yeux agrandis, cerclés de bleu.

— Qu'as-tu, malheureuse? s'écria Aly qui s'élança pour la soutenir. T'a-t-on blessée?

— Tu ne me reconnais pas? dit-elle, je viens pour mourir. Je suis l'épouse adultère, celle dont le cœur est rongé par le remords. Tu m'as dit : reviens quand l'enfant aura vu le jour. Le moment d'expier est venu : mon enfant est né, me voici.

— Tu es revenue! Tu réclames le châtiment! dit Aly vivement surpris. Je croyais bien ne plus te revoir, je t'avais même oubliée. Mais qu'as-tu fait du nouveau-né? Pourquoi es-tu là, loin de lui? Crois-tu qu'il suffise de mettre un enfant au monde, pour lui avoir donné la vie? Qu'est-il sans toi? pauvre faible arbuste à la tige molle! des mains mercenaires peuvent le briser. Tu lui dois ton lait et tes soins. Ne connais-tu pas la loi? Jusqu'à ce qu'il ait sept ans, une mère appartient à son enfant; alors seulement il peut se passer d'elle. Remplis ton devoir, et après, si ton cœur ne s'est pas endurci, expie ton crime.

— Hélas! dit-elle, si longtemps encore, le poids de la honte, l'effroi de l'enfer! mais je sais obéir, ajouta-t-elle. Dans sept ans, c'est bien.

Et elle s'éloigna, longeant les murailles, s'y retenant pour ne pas tomber, tandis qu'Aly la suivait d'un regard ému. Quand elle eut disparu à ses yeux, il ouvrit sa porte et franchit le seuil, en murmurant avec un soupir :

— Pauvre femme!

III

Des jours et des ans sont tombés dans l'éternité. Les colères éteintes se sont rallumées, et Othman a été égorgé.

Depuis longtemps Aly est Émir-al-Moumenin, Commandeur des Croyants; et lui aussi, il a vu son règne agité par des troubles et des convulsions. Aïchah, devenue guerrière, a marché contre lui, à la tête d'un parti. La prophétie s'est accomplie : elle a été aboyée des chiens au village de Zikâr, l'épouse du Prophète, et comme, en les entendant, elle voulait rebrousser chemin, on a retenu son chameau par la bride et cinquante témoins lui ont juré que le village portait un autre nom. Ce fut là, pour les Islamites, le premier faux témoignage. Quel carnage, pendant cette *journée du Chameau* où la Prophétesse fut vaincue par Aly! Pour la punir, il voulait d'abord prononcer, entre elle et Mahomet, un divorce posthume; puis il lui a pardonné.

Maintenant tout est paisible, en apparence : tous se sont courbés sous le pouvoir du maître intègre et austère.

Aly n'a rien changé à la simplicité de sa vie. Il est dans un palais; mais il considère que c'est le palais de l'État et non le sien.

Aujourd'hui il préside son diwân et, en dépit de mortels pressentiments qui assiègent son âme, il montre aux conseillers un visage calme, et il est scrupuleusement attentif.

La salle est éclairée par des lampes suspendues aux voûtes, car il fait sombre déjà, malgré l'heure peu avancée; le mois de Rhamadan tombe, cette année-là, en hiver.

Aly écoute des rapports. Il juge brièvement, sans appel. Pour révoquer un gouverneur négligent, il dicte ce distique :

« Les heureux par vous diminuent, les plaignants augmentent.

« Ce message en votre main : le pied à l'étrier. »

Les graves questions sont débattues ; puis le sujet s'épuise, et les conseillers se laissent aller à rire, à causer de diverses choses.

Alors Aly appelle un esclave et fait éteindre les lampes.

— Pour parler de nos affaires privées et de nos plaisirs, dit-il, nous ne devons pas user des lumières payées par le trésor public.

Les membres du diwân trouvent que le khalife exagère la probité ; ils le quittent, un à un, et murmurent, lorsqu'ils sont hors du palais.

La lune s'est levée, et la cour intérieure, toute bleue dans une brume légère, apparaît entre les minces colonnettes, par les baies en ogives festonnées. Aly va s'adosser à l'une des ouvertures. La nuit est tiède, déjà des effluves printaniers passent dans l'air. Au milieu des marbres, que la lune change en neige, hors du bassin parfumé, le jet d'eau s'élance silencieusement et s'égrène en pluie sonore, étincelante.

Le khalife regarde sans voir. Il croit entendre tomber des larmes, d'intarissables larmes. Pourquoi pleurer? Qu'importe la mort? Ce jour est le dernier de son existence terrestre, il en est certain. Eh bien! après la vie d'un juste, le repos en Dieu!... Pourquoi ce frisson, cette angoisse?

Et il ferme les yeux, cherchant à lire plus clairement dans le mystère, à deviner comment il doit mourir... Il voit!

Il voit la mosquée, où il vient d'entrer pour la prière matinale, et, autour de lui, des sabres nus, qu'une lueur, traversant un vitrail, semble déjà teindre de sang; une arme l'atteint, une arme qu'il reconnaît : un beau glaive, dont lui-même a fait présent à celui qui le frappe.

— Nous sommes à Dieu et nous retournons à lui! murmure-t-il.

Mais il a tressailli, il rouvre les yeux : la cour, toute bleue et claire, l'éblouit. Un esclave est là.

— Maître, une femme qui demande justice. Elle refuse de partir; depuis ce matin elle attend.

— Il ne faut pas faire attendre ceux qui demandent justice.

La femme s'est approchée, elle est à genoux sur le marbre.

— Commandeur des Croyants, dit-elle, me voici!

— Sept ans sont écoulés, dit Aly, je te reconnais pourtant, ô pécheresse obstinément repentante! Comme jadis, toujours tu veux expier?

— Seigneur! j'apporte à Dieu, aujourd'hui, un sacrifice plus grand; qu'était-ce au temps dont tu parles? Je lui offrais un corps souillé, une âme au désespoir. Maintenant, malgré la plaie du remords, j'étais heureuse; mon fils, beau comme un lis, dans ses sourires séchait mes larmes; ses caresses pansaient la blessure, ses baisers effaçaient l'impureté, et j'entendais plus sa voix chérie que les cris du repentir.

— Et cependant tu reviens?

— Je n'existe plus déjà. M'être arrachée de lui, voilà l'expiation! Vite, ordonne mon supplice, délivre-moi de cette torture, par l'oubli clément de la mort!

— J'ai tremblé devant elle, et toi tu ne trembles pas, ô vaillante, qui, de tes propres mains, tords ton cœur pour en chasser le péché!... Le calme se fait en moi, la lumière éternelle luit à mes yeux; je suis en marche déjà vers le ciel, et j'ai vu mon dernier soir.

Aly posa sa main sur la tête de la femme agenouillée :

— Va, ma fille! dit-il, laisse ton cœur refleurir, aime ton fils, vis sans remords : Dieu t'a pardonné!

L'ENTÊTEMENT DE ZOBEÏDE

Le khalife Haroun-el-Raschid joue aux échecs avec la sultane Zobeïde.

La partie est extraordinairement sérieuse, car les deux époux, profondément absorbés, le regard fixe, le sourcil froncé, n'échangent pas un mot. L'on n'entend d'autre bruit, autour d'eux, que celui d'une fontaine dont l'eau de rose s'égrène dans une vasque de marbre.

L'eunuque noir, qui garde l'entrée, se retient de respirer; il n'ose pas changer de main sa lance damasquinée, qui lui engourdit le bras, et il laisse ses reins se meurtrir et se gaufrer, aux moulures de la colonnette à laquelle il s'adosse.

A quelques pas du couple royal, un tout jeune page, aux joues veloutées, aux longs cils soyeux, vêtu d'une chemise de soie rose, regarde, d'un œil attristé, se fondre en eau les sorbets qu'il porte sur un plateau d'or.

Avec un petit choc sec, les pièces, incrustées de rubis et de turquoises, bien lentement avancent sur l'échiquier. C'est que l'enjeu de la partie est une discrétion : le gagnant pourra exiger ce qu'il voudra, et chacun des deux partenaires tient à gagner.

Zobeïde, cependant, sent par instants son attention fléchir ; une pensée importune la tourmente et, en secret, l'irrite contre le khalife ; elle est maussade, jalouse, et ne voudrait pas le paraître. C'est à cause d'une belle esclave, qui était à elle, et qu'il lui a prise. Qu'est-ce qu'il exigera encore, s'il gagne ? Quelque faveur pour cette Maridah, dont il est enamouré vraiment, plus qu'il n'est permis.

La reine joue d'un air renfrogné ; elle rougit et mord ses lèvres : car la scène qui l'impatiente le plus, le premier épisode de ce caprice du maître, se replace obstinément devant ses yeux.

C'était dans le harem, comme aujourd'hui; le khalife était venu pour se reposer en écoutant de la musique, et il y avait là, parmi les chanteuses, cette trop charmante esclave. Elle était à demi agenouillée sur des coussins, ses beaux cheveux retenus par un bandeau d'or, sur lequel, en perles, on avait brodé ce distique :

> La seule vue de mon visage bouleverse l'âme.
> Dis-moi, que serait-ce donc de toute ma personne?

et le roi la regarde trop, il l'admire, il la mange des yeux. Maridah s'en aperçoit bien, elle est émue, ses cils palpitent, se levant et se baissant, un souffle plus rapide agite son sein, et sa beauté semble s'illuminer sous le regard royal. Pourquoi aussi avoir auprès de soi des esclaves à ce point ravissantes?

Voici que Haroun-el-Raschid fait un signe à

la jeune fille, il se penche vers elle et cueille un baiser sur sa jolie bouche rose, tandis que Zobeïde détourne la tête, pour ne pas avoir l'air d'une femme jalouse. Le roi, enivré de plaisir, se fait donner un calam et une bande de parchemin, et il écrit :

> Je n'ai pas eu besoin de quitter ma place
> Pour goûter au plus délicieux des fruits.

Puis il passe les vers à Maridah qui, toute tremblante, et rouge d'orgueil, prend le calam et termine le quatrain :

> Le fruit n'attendait que ta soif
> Pour donner avec joie tout son sang.

Le khalife est enthousiasmé.

— Je t'en prie, cède-moi cette esclave, dit-il à Zobeïde.

Peut-on refuser quelque chose à son époux? Avec la rage au cœur, il faut sourire et lui donner Maridah. Alors, plein d'impatience, il se lève, prend la jeune fille par la main et l'emmène. De huit jours on ne revoit plus les deux amants !

C'est cela, surtout, qui blesse la reine, cette folie, cette passion; elle sait bien que la première vertu d'une épouse est la résignation, et elle n'en est plus à compter les caprices amoureux du khalife; mais celui-là l'irrite plus que tout autre. Elle ne peut vraiment s'y accoutumer.

Mais voilà qu'elle se repent d'y avoir songé; elle a eu trop de distractions, et tout à coup le khalife, frappant vivement une pièce sur l'échiquier, s'écrie :

— J'ai gagné!

C'est vrai, la partie est perdue, Zobeïde est forcée de s'avouer vaincue.

— Au moins, soyez généreux, mon seigneur, soupire-t-elle.

Mais Haroun-el-Raschid est d'humeur taquine, il a un sourire qui ne promet rien de bon.

— J'userai de mon droit, dit-il, tu es à ma discrétion, je ne te ménagerai pas.

— Hélas! J'attends votre arrêt, maître, dit-elle.

Il médite un moment, en se caressant la barbe et en glissant vers sa femme un malicieux regard.

— Eh bien, dit-il enfin, j'ai la fantaisie de te voir danser, toute nue, ici même.

La reine a un sursaut de colère.

— Ne plaisantez pas, seigneur, dites-moi vraiment ce que vous désirez.

— Vraiment, c'est cela que je veux, et non autre chose.

— Vous vous moquez, dit-elle avec un sourire forcé.

— C'est cela que je veux, te dis-je! s'écria le roi dans un commencement d'irritation.

— Que je danse, toute nue, devant vous?
— Toute nue.
— Alors, maître, si vraiment un désir aussi insensé a passé par votre esprit, laissez-moi vous supplier de l'oublier; demandez-moi tout ce que vous voudrez, plutôt que cette danse humiliante et ridicule.

— J'ai dit.

— Au nom de notre fils bien-aimé, Emin-

Allah, au nom de l'innocent et adoré meurtrier de ma beauté !

— N'invoque pas mon fils, dit le roi, je suis mécontent de lui; tu le chéris, toi, sans discernement, avec une folie de mère; n'as-tu pas dernièrement mis dans la bouche du poète Salam, qui te récitait un éloge en vers du prince royal, une perle qu'il vendit vingt mille dinars d'or? Le seigneur Emin n'a pas fait encore d'autres vers, lui, que ceux-ci, tracés sur le cahier où il devait écrire une leçon :

> Je suis occupé de mes amours !
> Pour l'étude, cherchez un autre que moi !

Allons. J'attends, obéis !

Zobeïde baisse la tête, soumise; mais elle sent gronder en son cœur une colère qu'elle a peine à cacher. Certes, elle est belle encore, et jeune; sous la douce complicité des parures, bien peu de femmes peuvent la surpasser; pourtant la mère n'est plus la jeune fille, et la perfection de son corps a reçu quelques meurtrissures, qu'il est cruel de dévoiler. Sans nul doute, le khalife, qui s'est aperçu de son humeur à propos de Maridah, veut lui faire entendre, en la contraignant à se montrer ainsi, qu'elle ne peut plus lutter de beauté avec l'esclave de dix-huit ans qu'il lui a prise.

— Seigneur, dit-elle, aurai-je au moins ma revanche?

— Soit! tu l'auras, dit Haroun-el-Raschid.

Alors Zobeïde éloigne l'eunuque et le page. Elle fait appeler ses femmes, à qui elle ordonne de la dévêtir. Elle garde ses bracelets et ses colliers, mais fait défaire toute sa coiffure, et quand son dernier vêtement s'abat à ses pieds, secouant la tête, ses beaux cheveux se déroulent sur elle, la voilant à demi.

Tout à coup la voici qui disparaît dans un tourbillonnement, qui fait sonner ses bijoux comme des grelots. Ses pieds blancs pivotent sur l'albâtre lisse, se mirent dans sa transparence; elle croise les mains derrière sa nuque, se renverse en arrière, oscille comme un palmier que tourmente le vent, va, vient, se penche à droite, puis à gauche, semble supplier, fuir, se rendre, et enfin, fermant ses bras sur sa poitrine dans le réseau de ses cheveux, elle ploie le genou devant le khalife.

— C'est bien, dit-il.

L'épreuve est terminée, et sans trop de désavantage pour la reine. Maintenant elle se rhabille à la hâte, reprend l'échiquier qu'elle tend au roi pour une nouvelle partie.

Mais celle-ci, par Allah! elle ne la perdra pas! Aucune distraction n'effleurera son esprit, pendant le quart d'une seconde! L'enjeu serait un royaume, qu'elle n'y attacherait pas autant de prix qu'à cet espoir de vengeance.

La lutte est longue, pénible, acharnée; car le khalife, un peu inquiet, joue de son mieux; mais pourtant, bientôt, Zobeïde frappe ses mains l'une contre l'autre, et s'écrie à son tour :

— J'ai gagné!

— Ah! je suis mort! dit le roi en riant, quelle méchanceté ton cerveau de femme va-t-il bien inventer?

— J'espère qu'elle sera digne de la vôtre,

répond Zobeïde, daignez venir avec moi, seigneur.

Elle entraîne le khalife, par les portiques du palais, à travers les jardins, et ne s'arrête qu'aux cuisines.

— Où donc me conduis-tu? dit Haroun-el-Raschid, veux-tu donc que, de mes mains royales, je t'accommode quelque fricassée?

Mais la reine secoue la tête, avec un rire dédaigneux.

— Allons, hâte-toi de t'expliquer, il fait ici une chaleur qui ne peut être pire auprès des fournaises d'Iblis.

— Demeurez au dehors, seigneur, et attendez-moi un moment.

Cuisiniers et marmitons se sont jetés à plat ventre; Zobeïde traverse une salle et entre dans une arrière-cour. Là, de nombreux esclaves sont occupés aux plus infimes besognes. Zobeïde arrête ses regards sur une laide et sordide négresse, qui, agenouillée dans un coin, récure, en geignant, un bassin de cuivre. Un sourire malicieux frissonne sur les lèvres de Zobeïde. Elle ordonne qu'on lui amène cette femme qui, prise d'épouvante, croyant son dernier jour arrivé, se met à hurler et à trembler de tous ses membres.

Revenue près du khalife :

— Vois-tu cette femme? lui dit la reine, en lui désignant l'humble servante.

— Elle est peu réjouissante à voir.

— Tant pis si elle n'est pas de ton goût, car c'est elle qui, ce soir même, aura l'honneur de partager ta royale couche.

— Pouah! Quelle horrible invention! s'écrie le roi en riant de tout son cœur; tu as beaucoup d'esprit, ma reine, et je suis surpassé, je l'avoue; mais laisse maintenant cette folie, et dis ce que tu désires.

— C'est cela, maître, et non autre chose.

— Allons, assez plaisanté. Demande ce que tu veux, je te permets d'être exigeante.

— J'ai dit.

— Tu veux...

— Je veux que tu sois, ce soir même,

l'amant de cette femme, ou je tiens pour rien ta parole royale.

— Eh bien, à mon tour, je te supplie d'ordonner autre chose.

— Vous avez été tout à l'heure inflexible, je le suis à présent.

— Veux-tu un de mes palais? le plus beau?
Zobeïde secoua la tête.

— Ma garde de jeunes filles, aux cuirasses d'argent et d'or?

— Non.

— Ne t'entête pas, dit le khalife; quel avantage retireras-tu de cette nuit odieuse?

— Celui d'être bien vengée.

— Je te nomme grand-vizir.

— Merci.

— Voyons, veux-tu régner un an à ma place, et tout bouleverser à ta fantaisie?

— L'offre est tentante, mais ma volonté est inébranlable. Emir des croyants, ne vous abaissez pas à supplier.

— Tu es bien résolue?

— Absolument.

— C'est bon, dit Haroun-el-Raschid, qu'on envoie cette négresse au bain.

Et il s'éloigna d'un air courroucé, sans plus regarder la reine.

Bien des années ont passé sur cette aventure. Le brillant Haroun-el-Raschid a quitté ce monde, et son fils, Emin-Allah, lui a succédé sur le trône des Khalifes.

Mais voici qu'un jour cruel s'est levé pour Zobeïde : le jeune roi, son bien-aimé fils, tout son cœur maintenant, vient de mourir assassiné. Pauvre mère, folle de douleur, elle s'arrache les cheveux, pleure et se lamente, emplit le harem de ses cris. Pourtant, chose étrange, elle ne maudit pas la destinée, ni l'assassin de son fils; elle n'accuse même pas Allah de cruauté; la seule imprécation qu'elle profère, cent fois, d'une voix déchirante, est celle-ci :

— Ah! maudit soit l'entêtement! maudit soit l'entêtement!

C'est que celui qu'on accuse d'avoir fait

tuer le khalife Emin, celui qui prend sa place sur le trône des Abbassides, c'est Abd-Allah-Mamoun, le fils d'Haroun-el-Raschid et de cette humble négresse, qu'avec une si folle obstination, Zobeïde a jetée, un soir, dans le lit royal!

DJÉMILA

Le soleil verse des flammes sur le champ bien cultivé, et les malheureux esclaves qui, harcelés par le fouet des gardiens, travaillent, haletants, exténués, brûlés, peuvent se croire vraiment en enfer.

Un jeune homme surtout, si gracieux qu'on le prendrait pour une femme, semble à bout de forces, prêt à mourir. Et voici que tout à coup il chancelle, ses mains blanches lâchent la lourde pioche, et avec un sanglot il se jette sur le sol. Le fouet levé, un surveillant s'élance; mais quelqu'un qui passe sur la route, l'arrête d'un cri impérieux.

Ce quelqu'un, c'est une femme, belle extrèmement, à l'air fier et dominateur, et qui paraît avoir le droit de commander. Elle se montre, sans voile, dans un riche costume à demi masculin, et porte en bandoulière un fusil damasquiné; le cheval qu'elle monte est magnifique, grand, sans crinière, d'une couleur étrange de vieil or, moiré de reflets superbes, clairs et sombres.

— Qu'a-t-il, ce captif? demande-t-elle.

— Il pleure, princesse, au lieu de travailler, mais les lanières secouées par mon bras vont lui essuyer les yeux.

— Chien, dit-elle, tu ne vois donc pas qu'il est évanoui? Fais-le porter là-bas, à l'ombre de ces arbres.

Et elle indiqua, du bout de sa cravache, la lisière d'un bois, vers lequel elle se dirigea.

Maintenant, le jeune homme est mollement couché sur un tertre de gazon, près d'un ruisseau qui fuit entre des cailloux blancs. Le beau cheval à la robe d'or, laissé libre, mordille nonchalamment le bout d'une branche. La princesse a mis pied à terre; appuyée d'une main à un tronc d'arbre, elle se penche, et contemple, avec une vive émotion, l'esclave qui n'a pas repris connaissance.

Le captif a les yeux fermés; ses grands cils, encore trempés de larmes, posent, frange embrouillée, sur les joues pâles, veloutées comme celles d'un enfant; un pli douloureux crispe la bouche, ombrée d'un léger duvet; sur le front la sueur perle, l'on dirait des gouttes de pluie mouillant un beau marbre.

— Ah! il est trop charmant! murmura la jeune femme, je ne saurais triompher du trouble qu'il a fait naître en moi. Je me sens devenir, hélas! l'esclave de ce captif.

Elle ne pouvait se rassasier de le voir et retardait le moment de le rappeler à la vie. A un soupir qu'il poussa, elle se décida, cependant, à lui porter secours; trempant un bout d'écharpe dans l'eau, elle lui mouilla les tempes, et, comme il demandait à boire, d'une voix faible, elle fit, de ses mains jointes, une coupe, où il but avidement l'eau toute parfumée au contact de cette douce chair.

Il revint à lui et regarda, avec une surprise heureuse, les yeux ardents qui rayonnaient sur lui; la coupe d'albâtre, il la retint, la caressa de ses lèvres, l'essuya avec des baisers.

— Le paradis après l'enfer! murmura-t-il, es-tu la houri qui vient d'emporter mon âme?

— Une simple mortelle est près de toi, mais elle te sauvera peut-être. Je suis Djémila, fille de Togrul, le chef des Turcomans, dont les armées victorieuses ont triomphé des tiens. Lorsque la chaîne de captifs défila devant nos tentes, je t'ai remarqué, entre tous, et mon cœur s'est ému pour toi de compassion. Depuis, j'ai cherché à te revoir, et je t'ai revu plusieurs fois; aujourd'hui encore, si j'errais dans la plaine, pendant les heures brûlantes, c'est que je songeais à toi et voulais te protéger.

En écoutant ces paroles, le jeune homme

eut un tressaillement de joie; il se releva à demi et s'agenouilla auprès de Djémila, qui s'était assise sur l'herbe fraîche.

— Ah! princesse! s'écria-t-il, je t'avais vue, moi aussi. A travers les larmes de honte et de désespoir qui noyaient mes yeux, tu m'apparus, comme une étoile fuyant dans des nuées sinistres, et le souvenir de ta beauté ajoutait une blessure aux douleurs de l'esclavage.

— Tu songeais à moi? est-ce possible?

— Si j'avais su que ton regard s'était reposé sur moi un instant, cette pensée eût été un baume aux tortures que j'endurais.

— Le temps nous presse, dit Djémila profondément émue, apprends-moi qui tu es, quel est ton nom et ton rang?

— Je suis Nériman-Bey, fils de Mahmoud-Khan, l'illustre neveu du sultan Sangiar. Mahmoud, tu le sais, faisait trembler le sultan, qui soupçonnait son neveu d'ambitionner le trône. Il l'exila de Perse, et, pour tranquilliser le sultan, mon père défendit qu'on s'occupât, dans ses domaines, d'aucun exercice guerrier. Une vie de plaisir et de fêtes régnait seule à sa cour, d'une magnificence incomparable. Le jour, nous chassions, sur des chevaux couleur de neige, avec quatre cents lévriers dont les colliers étaient d'or et de pierreries; le soir, dans les palais illuminés, les festins nous réunissaient, et, au milieu des concerts et des danses, les plus belles des esclaves nous versaient toutes les ivresses. Mais le sultan Sangiar s'informa de moi, il m'appela à sa cour, me combla de caresses et de faveurs. Hélas! la guerre survint, je dus faire partie de l'expédition, qui finit d'une façon si désastreuse, et, réduit au plus cruel des esclavages, après une vie si belle, je n'espérais plus rien que la mort.

— Dieu est grand! s'écria Djémila, tu es d'un rang égal au mien, et je peux t'aimer sans déchoir, toi que je n'aimerais pas moins si tu étais le plus humble des hommes! Ne pleure plus ta défaite. Est-il un héros qui n'ait jamais été vaincu? Si tu partages mon amour, nous fuirons ensemble, nous irons à la cour du prince, ton père, et tu seras mon époux.

— La plus grande infortune était donc la porte d'un bonheur céleste? dit le jeune homme, en entourant de ses bras la taille souple de Djémila; fuyons, restons, n'importe, ton amour me fait une cuirasse merveilleuse, qui me rendra invulnérable à toutes les souffrances qui ne viendraient pas de toi.

— Est-ce vrai, prince Nériman, tu m'aimes? dit-elle en caressant les boucles noires et soyeuses du captif, tu renoncerais pour moi à la vie délicieuse qui fut la tienne au palais de Mahmoud-Khan? Ici l'existence est plus rude, les Turkomans n'ont d'autres distractions que les jeux guerriers, leur seul luxe est la bravoure; mais je ne veux pas t'exposer au courroux de mon père : il serait inflexible, et, s'il soupçonnait notre amour, il te ferait décapiter.

— S'il nous surprenait, nous serions perdus, dit Nériman, qui se leva et pâlit légèrement.

— Ah! je mourrais avec toi!

— Mourir! dit-il en la serrant sur son cœur avec passion, mourir, quand nos lèvres n'ont pu effleurer encore un bonheur que toute une vie n'épuiserait pas! Perdre la vie ce n'est rien, mais perdre l'amour, quelle douleur!

— Nous vivrons, dit-elle toute frissonnante, cette nuit même je te délivrerai, nous fuirons.

Avec une hâte fiévreuse, elle remonta à cheval et ramena le prince Nériman auprès des autres captifs.

— Il a failli mourir, dit-elle au gardien, tâche de te souvenir, une autre fois, que les esclaves sont une de nos richesses, et que les faire périr c'est voler ton maître.

Togrul passait à cheval; il s'arrêta pour écouter sa fille :

— Par Allah! lui crie-t-il, ne t'inquiète pas d'un pareil bétail, nos ennemis nous en fourniront toujours plus que nos étables n'en peuvent contenir.

— C'est vrai, dit Djémila avec un rire insouciant, et à la prochaine bataille je m'engage à en ramener, à moi seule, tout un troupeau.

Elle s'enfuit, en caracolant, tandis que son père la suivait du regard, fier de lui voir autant de force et d'adresse qu'au plus brave de ses fils.

Un poignard en plein cœur a endormi le geôlier. Djémila guide son amant sous les voûtes sombres, à travers d'étroits couloirs, elle entend le cœur du jeune homme battre à grands coups.

— Ne crains rien, tout dort, dit-elle, en lui caressant l'oreille du bout des lèvres.

La nuit est étoilée, mais sans lune; pas assez sombre au gré des fugitifs. Les sabots des chevaux sont enveloppés de lambeaux de tapis qui étouffent le bruit de leurs pas; à travers la ville, avec mille alarmes, on les guide lentement par la bride; puis, en selle, et dévorant le steppe dans un galop effréné.

Après plus d'une heure de cette course folle, ils s'arrêtèrent pour reprendre haleine.

— Libre! libre! s'écria Nériman en aspirant

l'air frais de la nuit avec délices. O ma princesse, que la vie est belle devant nous, rien que des joies, des plaisirs, de l'amour; nous sommes les maîtres du monde!

— Pas encore, dit Djémila, qui, une main appuyée sur la croupe de son cheval, se penchait en arrière et tendait l'oreille avec inquiétude.

— Qu'est-ce donc?

— On nous poursuit!

— Tu rêves, bien-aimée, le plus profond silence règne dans la nuit.

— Des cavaliers... J'entends, ils volent dans la plaine, comme nous tout à l'heure; ce sont mes frères, sans doute.

— Fuyons! dit Nériman en lançant son cheval.

Longtemps, longtemps, ils coururent ainsi, lui comme éperdu, elle calme et attentive, regardant souvent en arrière.

— Arrêtons-nous, dit-elle enfin, il faut combattre.

— Fuyons! fuyons! cria le jeune homme.

Mais elle le devança, saisit son cheval par la bride.

— Écoute, dit-elle, un seul adversaire va nous atteindre; c'est Achmet, mon frère aîné. La jument qu'il monte est sans rivale sur terre, l'hirondelle ne peut la suivre, elle dépasse le vent. Mais nos chevaux, qui sont nés d'elle, d'elle exceptée, défient toute poursuite. Depuis longtemps mes autres frères sont distancés, nous sommes hors de leur atteinte : Achmet seul nous serre de près, nous ne pouvons lui échapper, il vaut mieux l'attendre.

Les chevaux, l'un après l'autre, poussèrent un hennissement joyeux.

— Ils ont reconnu leur mère, dit Djémila.

Et elle s'élança au-devant du cavalier qui n'était plus qu'à une vingtaine de mètres.

— Cesse de me poursuivre, ou viens me combattre, lui cria-t-elle en tirant son sabre.

— Fille impudique! Honte de notre maison! s'écria Achmet, expie ton crime, ou livre ton indigne amant et reviens en arrière, pendant qu'il en est temps encore.

— Pas tant de paroles, du sang! dit Djémila en attaquant vivement.

Les larges lames se heurtent, se froissent, jetant des étincelles dans la nuit, les chevaux se cabrent, bondissent, enveloppés d'une buée de sueur, qui les entoure comme un nuage. Le frère et la sœur sont de bravoure et de force égales, mais elle est plus agile, plus souple.

— Misérable! hurla tout à coup Achmet qui sent sa monture s'affaisser sous lui.

— Je n'ai pas voulu verser le sang d'un frère, dit Djémila, tu ne peux plus me poursuivre, c'est tout ce qu'il me faut.

— Que la malédiction du père et des frères s'attache à toi!

Mais les amants sont déjà loin, sauvés, libres cette fois. Ils respirent, et bientôt mettent leurs chevaux au pas.

Nériman se rapproche de sa compagne, d'un bras il lui entoure la taille, il veut lui prendre un baiser. Lentement Djémila le repousse, une ombre est sur son front, que l'ombre de la nuit dérobe, ses beaux sourcils s'abaissent sur ses yeux.

— Aimerais-je un lâche? dit-elle d'une voix altérée; comment se fait-il que, quand je combattais, tu es resté en arrière, sans prendre part à la lutte?

— Oh! bien-aimée, répondit le prince d'un ton de reproche, est-ce la coutume chez les Turcomans de se mettre deux contre un seul? Tu m'as devancé et j'attendais de te voir faiblir pour prendre ta place. En te regardant combattre, mon cœur palpitait d'orgueil; tu m'émerveillais par ta force héroïque, toi dont la beauté m'a subjugué.

— Ta confiance en ma valeur me flatte, pardonne-moi de t'avoir méconnu.

— Je te pardonne, au prix de ce baiser que tu m'as refusé.

— Prends, dit-elle.

Ils atteignirent une épaisse et monstrueuse forêt qui déroba leurs traces.

Là, harassés, ils mirent pied à terre et s'étendirent sur le sol, pour prendre un peu de repos en attendant la venue du jour.

Ils étaient bien résolus à veiller, mais le sommeil triompha de leur volonté et ils s'endormirent profondément.

Le prince Nériman fut brusquement éveillé par un cri terrible. Il se dressa, et le jour, qui se levait, lui montra un spectacle qui le pétrifia d'épouvante.

Un serpent d'une taille gigantesque, dont les replis formaient des festons de branche en branche, et traînaient en grandes ondes sur le sol, avait saisi Djémila par les jambes, dans sa gueule béante, et lentement l'aspirait.

Malgré les souffrances qu'elle éprouvait, malgré les yeux effroyables, fixes, sans paupières, dardant, de tout près, sur elle un regard métallique, dans cette situation atroce, l'héroïque jeune fille ne perdait pas son sang-froid.

— Tire ton sabre, dit-elle à Nériman, et sépare la tête du corps.

Le jeune homme, blême, les cheveux hérissés, ne fit pas un mouvement.

— Tu vois bien qu'il n'y a rien à craindre pour toi, lui cria-t-elle.

Ses dents claquaient, ses jambes tremblaient ; il ne quitta pas sa place.

— Au moins, jette-moi ton sabre, j'essayerai de me défendre !

Il tomba sur les genoux, sans force.

Alors Djémila tourna vers lui un regard chargé de dégoût et de mépris, sa bouche se crispa douloureusement.

— O ! honte ! honte ! s'écria-t-elle. J'aimais le plus lâche des hommes, pour lui j'ai trahi mon père et mon pays, j'ai combattu contre mon frère, je me suis déshonorée ! Hors de mon cœur ! être plus vil que la boue ! en mourant je suis heureuse, car je me délivre de toi. Ah ! mieux vaut mille fois avoir pour tombeau le corps de ce monstre, que de dormir entre tes bras !

Et Djémila, cachant son visage dans ses mains, s'abandonna au serpent, qui bientôt l'engloutit tout entière.

LE TAPIS

DES MILLE ET UNE NUITS [1]

« Allahou Akbar! Allahou Akbar! Achadou an là ilâha'illà llah! »

Et tous les promeneurs de la *rue du Caire* [2] lèvent le nez et s'arrêtent, cherchant d'où leur tombe ce chant bizarre, nasillard et clair.

« Dieu est le plus grand! Dieu est le plus grand! J'atteste qu'il n'y a pas de divinité autre que Dieu! »

---

1. Souvenir de l'Exposition universelle de 1889, à Paris.
2. La *rue du Caire* était une des artères les plus fréquentées et les plus curieuses de l'Exposition.

Mais c'est là-haut, cet homme pâle, à barbe noire, et coiffé d'un turban vert!

Au fait, nous sommes en pays musulman, et voilà l'heure où le muezzin chante l'Ezân, au sommet du minaret.

« Achadou enné Mouhammedan rasou-lou-llah! Hayya ala s-salâti! Hayya ala l-faiâh! Allahou Akbar! Lâ ilâha illâ'llah! »

Toutes les bouches sont béantes, tous les yeux levés, tous les bras ballants, tandis que le muezzin, lentement, circule sur l'étroit balcon qui cerne, comme un collier, le haut de la tourelle, et qu'il chante vers l'orient, vers l'occident, vers le nord, vers le midi.

« J'atteste que Mahomet est l'envoyé de Dieu! Venez à la prière! Venez au salut! Dieu est le plus grand! il n'y a pas de divinité autre que Dieu! »

Puis, brusquement, comme un diable dans une trappe, il rentre dans le minaret. Les promeneurs, légèrement ahuris, oscillent de nouveau et se remettent en marche, en se communiquant leurs impressions.

Il serait curieux d'entrer dans la mosquée (même si nous sommes obligés d'abandonner nos chaussures à la porte), afin de voir, sous le jour adouci par les vitraux, les fidèles, prosternés sur de petits tapis, récitant leur prière, le visage tourné vers la Mecque. (De la rue du Caire, pour être bien orienté, il faut regarder vers l'École militaire, dans la direction du Jardin des plantes.)

La porte de la mosquée est fort curieuse, elle est authentique, paraît-il, et date du xve siècle. Mais elle résiste à la poussée : elle est fermée, méchamment fermée, aux giaours. Après tout, c'est peut-être simplement parce que l'intérieur n'est pas terminé.

De cette place, la perspective est charmante; la rue s'enfonce, irrégulière et anguleuse, avec ses maisons aux crépissages blancs ou bleuâtres, ses façades tout unies, moins de rares moulures aux cintres des portes, et dont

les fenêtres sont masquées par la saillie de
ces moucharabys de bois à jour, qui ressemblent si fort à nos vieux lits bretons, que l'on
recherche aujourd'hui pour faire des bahuts
et des buffets. Ces balcons fermés, ce sont
les boudoirs des musulmanes; de là elles peuvent tout voir et ne sont aperçues que confusément, comme des ombres gracieuses, assez
pour faire rêver, trop peu pour être reconnues.
Le rez-de-chaussée des maisons se creuse en
alcôves voûtées, qui sont des boutiques, et, à
les voir ornées de leurs brillants étalages, au
milieu desquels un Arabe impassible est assis,
les jambes croisées, on se croit transporté
vraiment en Orient par le tapis magique des
Mille et une Nuits :

« Il y avait autrefois, à Damas, un marchand
de soies et de brocarts qui, par son industrie
et son travail, avait amassé de grands biens;
il se nommait Abou-Aibou, et son fils fut surnommé : l'esclave d'amour »...

Le voilà, ce marchand, au milieu des molles
écharpes, des soies lamées d'or et d'argent,

des velours brodés, des riches costumes ornés de croissants et de palmes. Si nous avions le temps de l'écouter, il nous conterait de belles histoires. A côté de lui, des fabricants de babouches taillent et cousent le cuir, couleur de citron ou couleur de sang ; plus loin un potier tourne et modèle des gargoulettes poreuses, qui rafraîchiront l'eau ; un confiseur secoue dans un grand bassin de cuivre plein de sucre, des amandes qui deviennent dragées. — Des orfèvres, des parfumeurs, des tisserands, vont et viennent, dans la pénombre de leur boutique. Une femme voilée vend du tabac blond, en jetant à l'acheteur un regard timide et comme effaré.

Mais quel est ce chœur sauvage, mêlé de cris et de rires? il sort par bouffées d'une haute porte voûtée qui conduit à l'écurie des fameux ânes blancs. — Est-ce que par hasard ces charmants quadrupèdes auraient organisé un concert? — Non, ce ne sont pas eux, mais messieurs les âniers, d'assez indomptables petits personnages, qui descendent directement, à ce que l'on dit, des antiques Égyptiens. Vêtus de chemises bleues, coiffés d'une calotte, qui en a vu de toutes les couleurs, et pour cela n'en a plus aucune, accroupis sur leurs talons, ils forment un cercle et chantent, à l'unisson, ou à peu près. La mélodie est assez quelconque, mais la chanson est intéressante et doit flatter doucement les auditeurs à longues oreilles :

« C'est écrit ! c'est écrit ! l'ânesse de Balaam, l'âne qui porta Myriem et Issa quand ils s'enfuirent vers notre pays d'Égypte, celui que montait Issa lorsqu'il entra en triomphe dans El Oudous (Jérusalem), Yafour l'heureux baudet du Prophète, et aussi le chien des Sept-Dormants, ont été admis dans le paradis d'Allah.

« Mais écoutez ! écoutez comme il brait de colère, l'âne du Deddjal (l'Antéchrist). Et le veau d'or, entendez-vous comme il mugit de douleur, devant la porte fermée du paradis ? c'est qu'ils n'entreront pas, eux, et que, pour les chasser bien loin, Al Boraq, la divine cavale à tête de femme, leur envoie, en ruant, de la poussière dans les yeux. »

C'est tout à l'extrémité de la rue du Caire qu'est situé le café où l'on voit danser des Rakkasas égyptiennes, et tournoyer un derviche. Le bourdonnement du darbouka vous invite à entrer, et, au-dessus de la porte, vous pouvez lire, en français, que les deux étoiles, venues des bords du Nil, se nomment Ayoucha et Zénab.

A l'intérieur, les murs et le plafond sont revêtus de tapis, de jolies lanternes pendent çà et là, un divan règne autour de la salle. Sur l'estrade, brillamment décorée, les musiciens, rangés au fond, pincent ou frappent leurs instruments, d'un air rêveur et nonchalant.

Dès que vous êtes installés, un grand *cafedjé*, jeune et beau, vêtu d'une longue tunique jaune, vous met dans la main, sans soucoupe, une toute petite tasse, qu'il remplit d'un café tout sucré, un peu trouble, mais excellent.

Ayoucha se lève. Elle est assez grande, brune de peau ; d'une beauté fine et régulière. Elle a l'air grave et se tient très droite. Deux longues nattes lui caressent le dos ; à ses doigts tintent de vraies crotales antiques. Son costume n'est pas tout à fait ce qu'il devrait être : la pudeur européenne l'a un peu corrigé. S'il était exact, il se composerait d'une jupe serrée au-dessus des cuisses et d'une veste brodée, ne descendant pas tout à fait jusqu'à la taille et laissant tout le reste à nu. C'est la façon orientale de se décolleter.

Mais, ici, Ayoucha a dû remonter un peu sa jupe, et mettre sous sa veste une chemise de soie. A cet arrangement, si la pudeur y gagne, la danse, que nous connaissons sous le nom de « Danse du ventre », perd un peu de son intérêt, le principal personnage étant voilé.

Il faut bien le reconnaître, cette danse, à notre point de vue, autant d'intention que de fait, est contraire à la décence. Je dis à notre point de vue, car la morale diffère avec le pays, et ce qui est crime ici est vertu là-bas.

On sait que le seigneur Karageuz, qu'on n'a pas osé admettre à l'Exposition parce que, à sa seule apparition, avant qu'il eût fait un seul geste et dit un seul mot, il eût été traîné au violon, est, en pays musulman, le guignol des fillettes et des jeunes garçons, qui l'applaudissent et l'acclament.

Ayoucha est certainement une personne très forte dans son art, une danseuse de premier ordre ; c'est presque une acrobate. Les différentes parties de son corps, qui doivent se mouvoir successivement, sont absolument indépendantes les unes des autres, et leurs contractions localisées laissent le reste de la personne tout à fait immobile. En dépit de l'exécution parfaite et de l'harmonie rythmique des mouvements, nous ne pouvons trouver cet exercice-là ni joli, ni gracieux. Cette mince créature, dont le cou, la poitrine, le ventre, se gonflent et s'agitent, fait irrésistiblement penser à un serpent dont la digestion est difficile parce qu'il a avalé une proie trop grosse.

Quand Ayoucha se rassied, Zénab s'avance, une gargoulette sur la tête. Elle va, vient, balance ses hanches, tourne, s'agenouille. Mais, en somme, elle est timide : elle devrait s'étendre tout de son long sur le sol, et se relever, sans que la gargoulette, emplie d'eau, en laisse échapper une goutte.

Voici venir le derviche, vêtu d'une ample jupe de fustanelle blanche, toute plissée, d'un corsage à manches étroites, et coiffé d'un bonnet de feutre qui ressemble à un pot à fleurs renversé.

Les derviches, dont le nom signifie mendiants, forment une secte religieuse, fort libérale, aux principes faciles, et qui est très aimée du peuple, en général. Ils habitent des couvents, et ils y donnent fréquemment des séances pieuses, dans lesquelles ils tournent ou hurlent, jusqu'à affolement complet.

Celui-ci est *tourneur*. Le voici qui étend les bras, couche sa tête sur une épaule et se met à tourner sur lui-même, d'abord lentement, puis de plus en plus vite, jusqu'à ce qu'il soit arrivé à une rapidité de toupie. Il ne s'arrête que lorsqu'il a atteint l'étourdissement extatique qui plaît à Dieu.

Pour nous, ce tournoiement insensé nous a donné un peu de vertige. Afin de nous remettre, nous allons reprendre le tapis des *Mille et une Nuits*, ou plutôt le chemin de fer Decauville, qui, en moins de cinq minutes, nous mènera du Caire à Tunis. Là nous verrons les almées, les Oued-Naïls et les danseuses noires.

LES DANSEUSES

DU SULTAN DE DJOGYAKARTA [1]

Le Kampong javanais est tout enfermé dans une palissade de paille, et deux tourelles, coiffées de chaume, s'élèvent de chaque côté de la porte.

Un peu en avant de l'entrée, deux bas-reliefs en pierre, antiques débris, pris à l'une des innombrables et superbes ruines qui parsèment ces îles de la Sonde, rappellent des temps de grandeur, et le culte primitif des Javanais. L'une des sculptures représente le

1. Souvenir de l'Exposition universelle de 1889, à Paris.

Dieu de la sagesse : Ganésa, qu'ils nomment Bitara-Gana. Il est assis les jambes croisées, obèse, et sa tête est celle de l'éléphant. L'autre montre la déesse Loro-Djongrang, debout sur le taureau Nandi. Le premier de ses huit bras tient une queue de buffle, le second, un glaive appelé *courg*, le troisième et le quatrième, des symboles mystérieux : le *bhoulla* et le *choukour*; du cinquième elle porte la lune, du sixième, un bouclier, du septième, un étendard : avec le dernier elle enlève par les cheveux Mahikassour, qui est le vice personnifié.

Mais ne nous attardons pas devant ces divinités, rongées par le temps, franchissons la porte, derrière laquelle nous appelle un cliquettement argentin de musique.

Voici de petits hommes jaunes, vêtus de larges pantalons, de tuniques en indienne à ramages, et coiffés de petits chapeaux coniques. Ils secouent en mesure de bizarres xylophones, ornés de bouquets de plumes roses, et cela produit une musique douce et monotone, que reproduirait assez exactement un robinet mal fermé, laissant égoutter l'eau dans un bassin sonore. Les musiciens marchent à la file. Les voici qui passent sur un léger pont de bambou. Ce pont devrait franchir une rivière, mais ne franchit qu'un gentil bateau, échoué sur le sable. Ils redescendent et continuent leur promenade processionnelle, toujours secouant les tubes de bois emplumés; ils passent devant des huttes de bambou où, sous d'étroites vérandas, des naturels sont occupés à divers ouvrages : les uns tressent des chapeaux en paille de riz, d'autres préparent le bambou, employé là-bas de mille manières; les femmes de Djokja tissent l'étoffe nommée *batik*; puis voici les marchands de liqueurs, le curaçao célèbre, l'habitation d'un planteur de cacao, enfin la cuisine du Kempong, où les *kokki* préparent, dans de grandes poêles et d'immenses chaudrons, d'étranges mixtures, dont la recette a l'air d'être empruntée au grimoire des sorcières.

Enfin les musiciens regagnent les tréteaux,

abrités d'une tente, sur lesquels paraîtront les danseuses; ils s'assoient par terre, au milieu de leurs confrères déjà installés. Le *gamelang*, c'est-à-dire l'orchestre javanais, est au complet.

Cet orchestre est fort curieux et, pour nous, un peu bizarre. Il faut chercher dans l'Hindoustan et en Chine, en Chine surtout, l'origine des instruments qui le composent; la gamme des cloches, les pierres sonores graduées, les tambours, les gongs, l'espèce de harpe qu'ils appellent *gamelang*, sont des instruments chinois. Après l'introduction de l'islamisme à Java, en 1405, la musique arabe essaya bien de supplanter la musique ancienne, mais elle ne put y parvenir; quelques instruments nouveaux furent seulement ajoutés à l'orchestre, entre autres le *rebab*, sorte de violon à deux cordes. Le *gamelang* est pauvre en instruments à vent : une espèce de trompette, nommée *subing*, et deux sortes de flûtes, c'est tout ce qu'il possède.

Mais, attention! les instruments à percussion commencent à ronfler. Voyons ce que va produire cet ensemble.

Oh! l'étrange et confuse harmonie! Des rumeurs, des murmures, un frisson d'arbres dans le vent, des gouttes de pluie sur les grandes feuilles rudes, des caquettements d'oiseaux, une cascade lointaine, l'écho sourd et rythmique des vagues dans une grotte marine. Rien que des bruits de la nature, une insaisissable mélodie. Quand la voix humaine se mêle au concert, inattendue, nasillarde, sans s'inquiéter de l'accord, le public s'égaye un peu.

Ne nous hâtons pas, cependant, de juger ce qui est si nouveau pour nous; à ce qui nous fait rire, d'autres pleureraient peut-être, et ce qui nous émeut profondément les ferait rire. Confucius, un des plus grands esprits du monde, en visite chez le roi de Tsi, entendit une mélodie qui l'émotionna tellement qu'il en perdit, pendant trois mois, l'appétit et le sommeil. Des Orientaux, d'intelligence très supérieure, m'ont déclaré que nos meilleurs orchestres, jouant nos chefs-d'œuvre, les premières fois entendus, ne produisaient, à leurs oreilles, que d'affreux aboiements de chiens.

Les arts, comme les dieux, peut-être, n'existent que pour leurs fidèles et ne sont compris que par eux.

Mais l'attention des spectateurs est attirée d'un autre côté, l'orchestre se tait. Les danseuses arrivent, froissant de leurs pieds nus le gravier mouvant des allées; elles grimpent lestement l'échelle de bambous et apparaissent sur l'estrade.

Au premier coup d'œil, leur parenté avec l'hindoustan brahmanique est de toute évidence : on les dirait échappées de quelque bas-relief d'un temple de Mahabalipour. Elles sont Musulmanes, probablement, puisqu'elles appartiennent au sultan de Djogyakarta; mais leurs superstitions secrètes ont des attaches plus lointaines, et, comme beaucoup des habitants de Java, elles doivent être persuadées qu'elles descendent du dieu Vichnou. Elles ont raison, elles en descendent, en effet.

Très jeunes, plus jeunes encore qu'elles n'en ont l'air, — l'aînée des quatre danseuses a douze ans, — avec leur carnation fauve, elles ressemblent à de jolies idoles dorées. De grands yeux noirs, très écartés l'un de l'autre, cernés d'un trait de *khol*, remontant vers les tempes, les sourcils accentués au pinceau en deux arcs nets, le nez fin, l'ovale très pur, la bouche un peu épaisse, d'un dessin charmant, et découvrant, dans le sourire, de petites dents blanches un peu espacées; mais il s'agit d'être très graves, très hiératiques, et de ne pas sourire.

La coiffure est d'un grand caractère; deux des jeunes filles ont un diadème d'or ajouré, encadrant le front, comme en portent les déesses à huit bras; contre l'oreille, qu'elle laisse à découvert, et s'appliquant sur les cheveux, une sorte d'aile, en or ciselé; sur le chignon, un poisson d'or qui dégorge une houppe rouge. A la coiffure des deux autres danseuses, représentant des hommes, car elles ont un sabre sur les reins, s'ajoute, en couronne, une sorte d'écran de plumes noires. Le haut du corps est nu, d'un modelé exquis, malgré la gracilité des formes; un corselet de velours brodé cache les seins et enferme la taille, sans la serrer; un caleçon violet, moucheté de blanc, s'arrête au genou, et par-dessus s'enroule un pagne d'étoffe ramagée, noué par une longue écharpe jaune soufre, ou rose, se prolonge en une traîne étroite, qui leur embarrasse les pieds; au sommet du bras un bracelet d'or est fermé par un papillon; les jambes et les pieds nus sont frottés d'une poudre qui les rend d'un jaune différent de celui des épaules.

Les danseuses se sont rangées sur une ligne et font au public un salut de la main; l'orchestre reprend l'air de tout à l'heure, et la danse commence.

Oh! comme cela doit venir de loin!

Siva, le destructeur, a dû, le premier, voir, de ses yeux de pierreries cette prière, mimée devant son autel arrosé de sang. Est-ce une danse? à peine : des torsions des bras et des mains, de las étirements, après un long sommeil. On dirait de jolies momies, conviées au bal des ombres et exprimant, avec une mélancolie discrète et gracieuse, leur dégoût du sarcophage. Leurs mains souples se renversent, pleines de dénégations et de refus; non, elles ne veulent pas retourner dans la boîte d'or aux parfums lourds, on y est à l'étroit, leurs écharpes en sont encore toutes froissées, malgré les coups brusques dont elles les redressent; leur bouche sévère exprime le dédain qu'elles éprouvent pour les choses qu'elles ont vues dans l'ombre, en attendant la résurrection, si longue à venir; des choses qui sont déplaisantes, certainement. Et les danseuses vont, viennent, se font face, se suivent à la file, avec des gestes lents, dans lesquels les mains toujours ont le principal rôle.

Par moments on croit qu'elles vont s'animer, leurs longues paupières se relèvent brusquement, laissant passer un éclair de passion; leurs lèvres frémissent, comme pour un sourire; mais non, la frange des cils retombe, le visage reprend son impassible gravité, sa mystérieuse tristesse; elles continuent à ondoyer avec des poses hiératiques; et cela dure, toujours de même, sur le rythme monotone, qui vous prend peu à peu, dans un bercement très doux, plein de rêveries, traversé de souvenirs confus, d'insaisissables réminiscences de la patrie primitive, d'où nos aïeux sont venus, dans les temps!... On croit comprendre, enfin, le sens de cette danse mystique, adorablement chaste; on reconnaît maintenant deux couples de fiancés. Alors, c'est Rama avec Sita, Lakshmana avec Ourmila, accomplissant le rite des noces, devant le roi de Mithila, aux sons d'une musique chinoise.

Puis soudain, tout cesse, c'est fini! On en est tout surpris, vaguement triste. On serait resté là, indéfiniment, à regarder ces passes lentes et harmonieuses, à écouter cette musique, venue de si loin, toujours la même, et depuis tant de siècles! Déjà on commençait à l'aimer, à comprendre cette mélodie, où reste peut-être quelque chose de celle qui charma si fort Confucius, à la cour de Tsi ; quelque chose de cet air, déjà antique à cette époque reculée, et qui avait pour titre : *Musique qui disperse les ténèbres de l'esprit et affermit le cœur dans l'amour du devoir.*

LES
SEIZE ANS DE LA PRINCESSE

Comme c'est l'hiver et qu'il fait froid, on a fermé, autour du prince, les panneaux de bois précieux, menuisés avec une minutie et un art incomparables, et cela rend toute petite la salle dans laquelle il est assis, rêveur, le bras posé sur un accoudoir revêtu de nacre.

Plusieurs belles robes, ouatées d'un duvet de soie, superposent et croisent leurs collets, de différentes couleurs, sur la poitrine du Daïmio, et l'on voit, près de l'épaule, brodée en or sur la manche, une espèce d'étoile formée de cinq boules en entourant une sixième. C'est là le blason bien connu de la très illustre famille de Kanga, qui n'a d'égale en puissance, dans toutes les îles du Japon, que celles de Shendaï et de Satsouma.

Oui, ce prince, qui médite au fond de son palais, est très puissant, très riche, très renommé; son peuple l'admire et le craint, ses vassaux sont prêts à mourir pour lui, ses moindres désirs sont des lois pour tous ceux qui l'entourent, et cependant, aujourd'hui, il se trouve misérable, faible, pauvre, déplorablement pauvre d'imagination, car voici plusieurs jours qu'il cherche quelle surprise il pourrait bien faire à sa fille, pour l'anniversaire de sa naissance, et il n'imagine rien.

Il est vrai que cette princesse, qui demain aura seize ans, possède tout ce qu'il est possible de posséder : elle a des oiseaux merveilleux, de fantastiques poissons, des chiens extravagants, des chars, des bœufs, des chevaux, des palais, tout ce qu'elle a pu désirer, et même des merveilles auxquelles elle ne songeait pas et qu'on a fait venir pour elle de lointains pays.

Le Daïmio s'avoue, en branlant la tête, qu'il a trop gâté cette fille bien-aimée, qu'il n'aurait pas dû la combler ainsi, lui faire épuiser, à peine entrée dans la vie, toutes les richesses du monde. Que faire maintenant? sa puissance est à bout, il n'a plus rien à offrir à son enfant, pour l'étonner et la charmer.

A quoi sert donc d'être prince?

Longtemps, à travers la transparence trouble de la fenêtre, il laisse errer un regard ennuyé sur le jardin dépouillé, sur le ciel gris et pleurard.

— Que peut-elle bien désirer encore?

Tout à coup il se leva.

— Allons la voir, se dit-il, je pourrai peut-être, sans qu'elle se doute de rien, deviner son caprice.

Il frappa sur un gong suspendu à un cordon de soie tenu du bout des dents par une chimère de bronze.

Aussitôt les panneaux formant les murailles

glissèrent sans bruit, s'écartèrent à demi, laissant voir des perspectives de salles, emplies par les *samouraïs* de service, les pages, les gardes, les serviteurs. Les samouraïs, nobles vassaux portant deux sabres, s'inclinèrent profondément, tandis que pages et serviteurs se prosternaient, front contre terre.

— Je vais chez ma fille, dit le Daïmio.

Alors une escorte se forma, et des gardes coururent en avant, pour avertir les pages de la princesse.

Fiaki, c'est-à-dire Rayon de Soleil, dans une salle bien close de son palais particulier, était assise sur les nattes blanches du sol, et les plis de ses magnifiques robes, à traînes immenses, étaient disposés symétriquement autour d'elle, en éventail, en flots, en collines; il y avait toutes sortes de tissus, de diverses nuances, très douces; mais l'étoffe la plus abondante était de satin couleur ciel d'été, avec de fines broderies noires, figurant des toiles d'araignées dans lesquelles s'étaient pris des pétales de fleurs.

Le visage de la jeune fille était blanc comme de la crème, sa petite bouche un peu épaisse, avivée de fard, s'entr'ouvrait en découvrant deux rangs de grains de riz; elle avait les sourcils rasés et remplacés par deux petites taches noires faites au pinceau et placées très haut sur le front; suivant la mode des princesses, ses longs cheveux, dénoués, ruisselaient sur son dos, se perdant dans les plis des robes.

Les filles d'honneur formaient un demi-cercle autour de leur maîtresse, et, en face d'elle, de l'autre côté d'une légère balustrade sculptée, une danseuse, en robe longue, dont les manches flottaient, imitant des ailes, coiffée d'un étrange bonnet d'or, posé au sommet de la tête, dansait lentement en agitant un éventail. Un orchestre de musiciens l'accompagnait, jouant du gotto, du biva, de trois espèces de flûtes, du tambour et du tambourin.

A l'entrée du prince, la symphonie cessa et, vivement, Fiaki se cacha la bouche derrière une des toiles d'araignée de sa manche, ce qui était à l'adresse de son père un salut tendre et pudique.

Lui, souriait de plaisir, en revoyant la beauté et la grâce de l'enfant qu'il idolâtrait. Elle s'était levée, marchant à sa rencontre et, comme une mer agitée par une subite tempête, la soie, le satin, le brocart, derrière elle, ondulaient en bruissant.

Il lui prodigua les surnoms les plus flatteurs, la nommant : Mourouï, l'Incomparable; Réifé, la Beauté surnaturelle; Réikio, le Parfum du Ciel; puis il lui demanda si elle était heureuse, si rien ne l'avait fâchée, si elle ne désirait rien.

— Ah! prince illustre! père adoré! s'écriat-elle en ployant son corps souple en arrière, dans un joli mouvement de douleur, comment être heureuse quand la terre souffre? Comment sourire quand le ciel pleure? Les dieux sont bien cruels d'avoir créé l'hiver! Hélas! pas même de la neige pour donner l'illusion du printemps. Il me semble être une pauvre plante exilée, qui ne vit pas et ne peut mourir.

Elle ajouta avec un sourire coquet, en abaissant ses longs cils d'un air modeste :

— J'ai composé sur ce sujet un *outa* ; mais la poésie elle-même n'a pas pu me consoler.

D'un ton exquisement maniéré, elle récita le court poème, battant le rythme du bout de son éventail :

> L'automne en fuyant
> Avec les fleurs qu'il emporte,
> A fermé la porte,
> M'oubliant à demi morte,
> Devant l'hiver effrayant.

— Je ferai illustrer cet outa par le plus fameux peintre du royaume, dit le prince ; mais ! hélas ! je ne suis pas dieu.

Lentement, il s'éloigna, plein de soucis.

— Il est certain qu'elle ne désire que le printemps, se dit-il.

Et il s'arrêta, pour écouter la bise aigre siffler au dehors.

Déjà le jour baissait. La prochaine aurore allait donc le prendre au dépourvu.

— Le printemps ! murmurait-il en se rasseyant à la place qu'il avait quittée tout à l'heure

Brusquement sa tristesse se changea en colère. Il fit appeler son premier ministre.

Le Naï-Daï-Tsin accourut, courbant le dos, et tout en débitant son compliment, vit le sombre visage du maître et n'augura rien de bon. Le prince garda un moment le silence, comme s'il hésitait à donner un ordre extravagant; mais après un mouvement d'épaules irrité, il parla d'une voix dure.

— C'est demain la fête de ma fille, dit-il. Je veux, vous entendez, *je veux*, qu'au jour levant, les arbres et les buissons du parc, et de toute la campagne environnant le palais soient couverts de fleurs, comme aux premiers mois du printemps. Allez!

— Vous serez obéi, maître, dit le ministre en sortant à reculons.

Mais une fois sorti, consterné, anéanti, il laissa baller ses bras dans les longues manches qui les cachaient.

— C'est l'exil, c'est la mort! murmura-t-il.

Oui la mort, car je n'ai pas le temps de fuir assez loin. En pleine prospérité, la foudre qui tombe sur moi !

Ses jambes se dérobaient, il s'adossa à la boiserie.

— Qu'ai-je fait pour être en disgrâce?... Rien, se répondit-il après un sévère examen de conscience; c'est pour sa fille, il veut vraiment commander au printemps.

Il resta sans penser un long moment, la tête roulant comme une boule de plomb sur sa poitrine; mais bientôt il secoua cette lourde tête, et la releva d'un air résolu.

— Allons, soyons digne de notre race, dit-il, un Japonais ne tremble pas devant la mort; ce ne sera pas en vain que j'aurai, depuis l'enfance, pris des leçons de suicide. Voyons, le sabre d'abord, pour se fendre le ventre d'un seul coup, de gauche à droite, puis le poignard qui tranche la gorge...

Il tira son sabre, mais l'arme resta au bout de son bras, la pointe appuyée au sol.

— S'il était possible, pourtant, par quelque

artifice, de simuler le printemps, au lieu de la ruine et du suicide, quelle fortune! Ne désespérons pas trop vite, il sera temps toujours de mourir.

Il eut un sursaut d'effroi en voyant que l'ombre avait envahi le palais et que les lumières commençaient à s'allumer.

— L'immense parc et toute la campagne! dit-il, et rien qu'une nuit.

Tout en courant, il rengaina, gagna sa demeure, et réunit le conseil.

Sans permettre à ses collègues de s'asseoir, il leur fit part de l'ordre extraordinaire donné par le prince.

— Cet ordre doit être exécuté sous peine de mort, avant le jour, dit-il, indifférent aux mines épouvantées qui l'entouraient; le prince est d'une humeur terrible; il n'y aurait pas de rémission. Écoutez, et comprenez bien l'idée qui m'est venue et peut nous sauver tous. Il faut qu'à une lieue à la ronde, hommes, femmes, filles et garçons, nobles, marchands, paysans, avec la soie, le velours, le satin, le papier, se mettent à l'instant même à fabriquer, comme ils le pourront, des simulacres de fleurs; qu'ils taillent dans leurs vêtements, qu'ils massacrent les tentures, les paravents, les nattes du sol, tout ce qui leur semblera bon, ils n'y perdront rien; puis que toutes ces fleurs soient, avant l'aube, liées, clouées, collées sur les arbres, sur les buissons, sur les arbustes, les plus réussies sur les bords des routes, les plus grossières aux derniers plans; que les peintres soient chargés de diriger la décoration et de donner des coups de pinceau où il en faudra. Je veillerai à tout, je tâcherai de tout prévoir, notre salut vaut bien cet effort.

Prenez l'armée, disposez de tout; personne ne doit ni manger ni dormir cette nuit. Allez! et, si vous tenez à la vie, soyez rapides comme l'éclair.

Sans mot dire, les ministres s'éloignèrent, s'enfuirent plutôt.

Moins d'une heure plus tard, il n'y avait pas un palais, pas une maison dans la ville, pas une chaumière dans la campagne où l'on ne fût occupé, fiévreusement, à fabriquer des fleurs ; et qui eût regardé du haut du palais de Kanga, un peu après le milieu de la nuit, le parc et les alentours, aurait cru reconnaître dans les milliers de lanternes qui roulaient, sautaient, couraient à fleur du sol, l'armée effrayante des feux follets, conduite par les renards.

Mais à cette heure-là, l'illustre Daïmio ronflait, derrière un paravent en bois de fer incrusté d'or, et l'incomparable princesse, à la lueur, tamisée par de minces feuilles de nacre, d'un grand lampadaire, se soulevait à demi sur sa couche, et feuilletait un livre, cherchant, pour l'emporter dans son rêve, un poème sur le printemps.

Ses femmes finissaient de l'habiller, lorsque Fiaki, le lendemain matin, entendit la musique d'un orchestre et les chants de voix nombreuses éclater sous ses fenêtres.

— Ah ! c'est vrai, c'est ma fête aujourd'hui,

dit-elle avec un mouvement d'ennui, pourquoi suis-je née en hiver?

On écarta les châssis des fenêtres.

— Voyez donc quel beau temps, maîtresse!

Le ciel, en effet, comme s'il eût été un simple courtisan, s'était, pour cette fête, paré d'un bleu très doux, dans lequel roulait un gai soleil, d'un or un peu pâle.

Languissamment, la princesse s'avança sur la galerie extérieure et s'accouda à la balustrade. Mais alors, quel cri de surprise et de joie! Qu'est-ce qu'elle voyait là? était-ce possible? des fleurs, partout des fleurs! le printemps était venu!

Elle se frottait les yeux, croyant rêver.

— Comment, disait-elle, en se tournant de tous côtés, en courant d'un bout à l'autre de la galerie, les amandiers! les pêchers rouges! les pommiers blancs et roses, et les buissons, et les arbustes et les grands arbres! quel miracle!

Par toutes les avenues affluaient les visiteurs, venant rendre leurs devoirs à la princesse, les seigneurs à cheval, les femmes nobles dans des chars traînés par des bœufs, ou dans des *norimonos*. La cour sortait du palais, se réunissait sur les terrasses. Fiaki se hâta de descendre.

Le prince, tout riant de plaisir, la reçut au bas des degrés. Les larmes aux yeux, elle se jeta dans ses bras en s'écriant :

— Père ! père ! tu vois bien que tu es un dieu !

Il proposa une promenade dans le parc et dans la campagne, pour admirer ce magique printemps.

La princesse, toute joyeuse, battit des mains, et son char magnifique, en forme de pavillon, blasonné de boules d'or figurant une étoile, et traîné par deux bœufs blancs, s'avança au pied de la terrasse ; ceux des filles d'honneur vinrent ensuite, puis toute la cour suivit et les visiteurs aussi ; ce fut une brillante, joyeuse et interminable procession.

Le prince, à cheval, escortait sa fille, il avait auprès de lui le premier ministre, grave et impassible dans son triomphe.

C'était un enchantement tout le long du chemin, la tiédeur du soleil, la fine brume dorée qui voilait un peu la nature, rendaient complète l'illusion; on admirait un printemps plus riche, plus fleuri encore que le vrai printemps.

— Et quels parfums délicieux flottent dans l'air! toutes ces fleurs, cela embaume, disait la princesse, qui, à chaque moment, penchait sa jolie tête hors du char, pour mieux voir.

Le Daïmio, très surpris, respirait, en effet, des odeurs charmantes.

C'est que des cassolettes étaient dissimulées dans le harnachement des bœufs, et la fumée qui s'en exhalait se confondait avec celle formée par l'haleine des animaux.

On s'en alla loin dans la campagne, Fiaki, au comble du bonheur, ne se lassait pas. Elle demanda à ne pas revenir au palais par le même chemin; était-ce possible, cela? Le prince, un peu inquiet, regarda le ministre; celui-ci demeura impassible.

— La princesse désire-t-elle rentrer par les collines ou par les vergers? dit-il.

— Par les vergers, répondit la jeune fille; c'est plus loin, mais ce doit être bien plus beau.

On prit par les vergers et, en effet, c'était plus beau encore que ce qui s'était montré jusque-là.

Mais voici qu'un prunier rose attira spécialement l'attention de la princesse.

— Ah! je veux emporter une branche de cet arbre-là! s'écria-t-elle; je veux un souvenir de cette féerique promenade.

— Pour le coup, la supercherie va être découverte, pensa le prince en jetant un regard de détresse au ministre.

Le ministre n'avait ni pâli ni tremblé.

— A moi l'honneur de la cueillir pour vous, disait-il en s'inclinant devant la jeune fille.

Il piqua son cheval, courut au prunier, et revint avec une branche superbe. La princesse la saisit, l'aspira, y plongea son visage : c'étaient bien des fleurs de prunier, toutes fraîches, toutes mouillées de rosée, tout odorantes.

A part lui, le maître s'ébahissait; mais alors les filles d'honneur, les nobles dames, voyant qu'il était permis de cueillir des branches, sortirent leurs têtes des voitures, tendirent les mains, réclamant, elles aussi, un souvenir.

Cette fois-ci, c'était trop fort; le prince eut un geste de colère et allait donner l'ordre de ne pas s'arrêter; le ministre le rassura, il souriait avec un imperceptible haussement d'épaules; il connaissait bien les femmes et avait prévu cela aussi. Il fit signe au conducteur d'un char vide d'aller chercher ce que l'on demandait. Le char revint bientôt tout empli de fleurs qu'on se partagea avec des cris de joie.

Le ministre n'avait pas hésité à faire piller les serres de tous les palais; des hommes mêlés à la foule portaient toutes ces fleurs dans des sacs de toile brune et se tenaient à portée pour être là au moment voulu. Le prince, qui ne devinait pas, était tout abasourdi.

— Tu es vraiment un homme prodigieux, dit-il, au moment où l'on rentrait au palais, tu as fait plus que je ne pouvais espérer; tu as été absolument magicien. Tu l'as été trop, peut-être, et à la grande joie de ce jour se mêle une sourde inquiétude : comment nous sera-t-il possible de nous surpasser, à la fête de l'an prochain?

Tandis que le maître, resté un peu en arrière, parlait ainsi à son ministre, Fiaki descendait de son char; à cet instant, le fils du prince de Satsouma, qui venait d'arriver au palais avec une brillante escorte, s'avança pour la saluer. C'était un jeune homme plein d'élégance et de beauté, et tellement brave que, malgré sa jeunesse, il avait déjà fait parler de lui; mais, en ce moment, il était très ému, très pâle, comme tremblant de peur; la jeune fille, au contraire, rougissait et, pour cacher cette rougeur, enfouissait son visage dans les fleurs qu'elle tenait à la main. Le ministre montra d'un geste les jeunes gens au Daïmio; lui fit remarquer ce trouble étrange, qui les laissait tous deux comme interdits.

— Quand les dix-sept ans de votre fille sonneront, dit-il, donnez-lui pour époux ce charmant prince, et elle l'aimera plus encore qu'elle n'aime le printemps.

Le prince tendit au ministre un bijou de bronze incrusté d'or.

— Tiens, dit-il, voici la clé de mes trésors, prends ce que tu voudras et ne t'avise pas d'être discret.

KOMATI

C'était au temps où Komati, la poétesse illustre, s'était exilée de la cour, abandonnant ses titres, ses biens, sa famille, pour s'en aller errer par les chemins, en vivant d'aumônes.

Un soir d'été, qu'elle était assise à quelques pas de la pagode d'Alaziyama, les regards fixés sur le flamboiement du crépuscule, elle vit, presque malgré elle, car il se trouvait dans le rayon de sa vue, un cavalier immobile, sur la route de Kioto.

Il y a des moments, sans doute, où la solitude accable le solitaire; sa philosophie sommeille, et son esprit abandonné retourne aux ornières anciennes, revit la vie reniée. Komati était peut-être dans un de ces instants-là, car l'apparition du cavalier sur le chemin lui fit oublier les splendeurs du couchant et retint toute son attention.

Cent fois elle avait vu passer des seigneurs et des princesses, ses compagnons d'autrefois, sans même tourner la tête, sans songer à les reconnaître ; pourquoi remarquait-elle celui-ci ?

Elle s'efforçait, malgré la distance, de distinguer les insignes qui devaient être brodés sur les manches de ce cavalier que, sans doute, elle avait connu, et elle clignait des yeux sous l'éclat du ciel.

Sur son cheval, qui semblait changé en pierre, la silhouette de l'inconnu avait une singulière élégance, mais il se détachait en sombre de l'horizon clair, et l'on ne pouvait rien voir de sa toilette, excepté la poignée de ses sabres, sur l'une desquelles il appuyait la main. Il se tenait en travers de la route, regardant du côté de Kioto, et paraissant attendre.

Komati remarqua qu'il n'avait auprès de lui ni page, ni écuyer, ce qui était étrange pour un seigneur.

Qu'est-ce qu'il faisait-là? Qu'attendait-il?

Tout à coup, à un mouvement qu'il fit, Komati le reconnut, et elle se dressa, avec un cri étouffé, comme si un reptile l'avait piquée.

— Nari-Hira! c'est lui! s'écria-t-elle.

Puis elle se laissa retomber sur le tertre de gazon, pâle et les sourcils froncés.

— Pourquoi ce cri? murmura-t-elle avec colère, pourquoi ce sursaut? Mon cœur est-il comme une bête mourante, qui retrouve encore un frisson de vie quand on met le pied sur elle?

Et son regard assombri, abandonnant le cavalier, resta attaché au sol. Cependant, après un long moment, elle eut un sourire calme et releva la tête.

— Un rendez-vous, c'est certain, dit-elle.

Et elle regarda tranquillement l'homme qu'elle avait reconnu.

Il avait changé de place, s'était dissimulé dans un bouquet de bois.

Un groupe s'avançait sur la route, c'était un norimono de louage porté par deux hommes et soigneusement fermé. A un léger sifflement de Nari-Hira le norimono s'arrêta et une femme, la tête couverte d'un voile de soie, en descendit vivement. Elle congédia d'un geste les porteurs et s'avança vers celui qui l'attendait. Il avait déjà mis pied à terre et un page, jusque-là invisible, emmenait le cheval.

Le ciel s'éteignait; il faisait sombre déjà, sous les arbres. Komati entendit le bruit léger d'un baiser. Puis les amants s'engagèrent dans le sentier, qui passait à deux pas d'elle. Mais elle ne craignait pas d'être reconnue; qui donc d'ailleurs irait regarder cette pauvresse assise au bord du chemin?

C'était bien Nari-Hira qui s'avançait entre les buissons fleuris; c'était bien le vainqueur dont la beauté dangereuse affolait toutes les femmes de la cour et ne bornait pas à elle ses ravages; l'homme à l'élégance suprême, qui ne portait que des étoffes losangées d'or, tissées pour lui seul, le cavalier incomparable, le poète charmant.

La femme, qui s'appuyait des deux mains à l'épaule de Nari-Hira et le regardait avec extase, avait rejeté son voile; Komati la reconnut.

— Isako-Tamoura! murmura-t-elle avec un ironique sourire, pauvre prince Tamoura!

C'était sa plus cruelle ennemie, la plus envieuse de ses rivales, celle qui lui avait fait le plus de mal, au temps où elle pouvait souffrir.

Ils passèrent. Les parfums de leurs toilettes dominèrent un instant l'odeur des fleurs.

Komati, inaperçue, resta là, le front dans la main, s'efforçant de chasser loin d'elle les visions qui l'assaillaient, des splendeurs et des trahisons de cette cour, qu'elle avait fuie depuis trois ans.

La nuit venait. Déjà la lune avait paru, lorsque Komati fut tirée de sa torpeur par le bruit d'un galop de cheval. Elle se leva pour s'en aller dormir, à l'abri de quelque pagode, et descendit jusqu'au bord de la route. En la voyant, un cavalier, qui allait passer devant elle, arrêta brusquement sa monture.

— Vagabonde! cria-t-il en lui jetant une pièce d'argent, réponds et dis la vérité, si tu ne veux pas mourir sous mon fouet. As-tu vu passer deux amants, il y a une heure environ, et de quel côté sont-ils allés?

Celui qui interrogeait, c'était le prince Tamoura.

Komati n'avait qu'un mot à dire pour se venger cruellement des offenses anciennes, mais elle baissa la tête, honteuse d'avoir éprouvé une seconde ce désir.

— Es-tu sourde? cria Tamoura en levant son fouet.

— Il passe bien du monde sur cette route, dit Komati, et les amants ne sont pas rares; pourtant je crois avoir vu ceux que tu dis, il y a une heure à peine; ils étaient si magnifiques, qu'il fallait, malgré soi, les remarquer.

— Ah! où qu'ils se cachent, je les rejoindrai, et je les tuerai tous les deux! dit Tamoura en grinçant des dents. Quelle route ont-ils prise?

— Ils ont continué du côté de Kourama, dit Komati, en étendant le bras vers l'est.

Le prince s'élança dans cette direction, et disparut bientôt au tournant du chemin. Le bruit du galop de son cheval s'éteignit, peu à peu, dans la nuit.

Alors Komati retourna sur ses pas; elle remonta le sentier, suivit le chemin par lequel Nari-Hira et Isako s'étaient éloignés tout à l'heure. Les allées se croisaient, s'emmêlaient, entre les arbustes de plus en plus touffus; et Komati devait se baisser pour apercevoir des empreintes légères sur le sable fin.

Elle marcha, ainsi guidée, jusqu'à la palissade d'un jardin qui semblait abandonné; mais alors, comme effrayée, elle recula de quelques pas.

— Hélas! hélas! soupira-t-elle, comme je suis méprisable encore! Ce jardin était à lui!

Elle, la rôdeuse solitaire, qui ne voulait plus d'autre compagnie que celle des beautés de la nature, avait remarqué cet enclos désert, mais mieux fermé qu'il ne paraissait l'être. Elle s'était acharnée à vouloir y pénétrer, en avait fait le tour cent fois, ramenée à lui par un singulier attrait, jusqu'au jour où elle avait découvert enfin, et agrandi à son usage, une brèche, commencée par quelque bête des bois.

A l'intérieur, ce jardin était un fouillis merveilleux, une exubérance folle des fleurs les plus rares; c'était un poème incomparable, qui l'avait enivrée longtemps; mais il y avait une énigme sous ses fleurs, et elle s'était efforcée de la lire! Tout ce désordre, toute cette liberté de la végétation, étaient artificiels; aucun jardin n'était mieux tenu que celui-là; elle n'avait pas tardé à le découvrir. Il y avait des trouées, ménageant d'admirables échappées de vue, qui semblaient dues au hasard, et pourtant toute branche qui venait les obstruer tombait sous des ciseaux invisibles; les lianes étaient retenues par des fils de soie;

aucune feuille morte ne tachait jamais la mousse des sentiers.

Au centre du jardin, sous un cèdre magnifique, s'élevait un large pavillon, qui semblait prêt à s'effondrer de vieillesse; mais Komati reconnut aussi que cette vétusté était feinte; la moisissure était un masque, l'affaissement du toit une tromperie. La maison, jeune et robuste, sous cette décrépitude apparente, devait cacher un intérieur somptueusement aménagé.

Mais pourquoi tout cela? le pavillon restait inhabité, et elle n'avait jamais pu apercevoir les jardiniers qui soignaient le jardin. Peut-être venaient-ils par un souterrain. Enfin, après mille conjectures, peuplant sa solitude, elle avait imaginé quelque pieux désespoir et considérait le jardin comme le tombeau d'un amour fervent, interrompu par la mort. Cette mélancolie plaisait à sa tristesse, et elle était venue rêver là, bien souvent.

En découvrant que cette exquise retraite n'était que l'abri, habilement dissimulé, des amours coupables du seigneur le plus inconstant de la cour, elle éprouvait un amer chagrin, une honte d'avoir tant aimé cette oasis, et un autre sentiment encore, qu'elle ne voulait pas s'avouer.

Elle s'était adossée à un arbre, irritée de cette souffrance, et serrant les bras sur sa poitrine comme pour écraser son cœur. Mais un rossignol, qui jeta sa plainte passionnée à travers la nuit, lui ôta toute sa force d'âme. Il lui sembla que c'était sa propre voix, qui pleurait et gémissait dans la solitude, et une larme vint brûler ses paupières arides.

Pourtant elle secoua vite cette faiblesse, et, reprenant son chemin, elle chercha la brèche, dissimulée sous des branches, qui lui permettait de pénétrer dans le jardin.

Sous les rayons de la lune, qui vaporisait la rosée, avec la silhouette féerique de la haute montagne d'Alazi, apparaissant, comme une nuée bleue, à travers les floraisons invraisemblables, l'enclos faisait l'effet d'une création du rêve; mais Komati ne songea pas à l'admirer; elle s'avança rapidement vers le pavillon, que l'ombre du cèdre couvrait de mille zébrures noires.

Sans hésiter, elle pénétra sous la galerie élevée de quelques marches, et posa la main sur le panneau à coulisse qui fermait l'entrée. Il ne résista pas à la poussée, glissa, sans bruit, dans la rainure; par l'écartement, un flot de lumière bleue envahit la chambre.

Les deux amants étaient endormis aux bras l'un de l'autre, et, autour d'eux, la moustiquaire en gaze de soie verte les mettait dans un brouillard. Komati, immobile, les regardait avec une involontaire avidité : lui, pâle et comme attristé dans le sommeil, elle souriante, sous le long ruissellement de ses cheveux. Mais cette grande clarté qui emplissait la chambre l'éveilla soudain, et elle se dressa avec un cri qui éveilla son compagnon.

— Un fantôme! gémit-elle en se serrant contre l'épaule de son amant.

— Komati! s'écria le prince.

La douce lune, caressant de sa lueur les

traits déjà flétris de la grande poétesse, lui rendait tout entière cette beauté, si parfaite qu'elle devait encore être citée bien des siècles plus tard, comme incomparable et unique; ce charme divin que — suicide étrange! — elle détruisait volontairement.

Nari-Hira, soulevé sur une main, la contemplait, avec une stupeur mêlée d'extase, tandis que sa compagne effrayée se cachait le visage.

— Va-t'en! va-t'en! méchant spectre, criait-elle, que veux-tu de nous? que viens-tu faire ici?

— Tu es bien pressée de me savoir au pays des ombres, dit Komati, mais rassure-toi, Isako-Tamoura, je ne suis pas un fantôme; bien que morte pour tous, je suis parmi les vivants, et n'ai rien de surnaturel.

— Alors, pourquoi es-tu là? dit Isako, prise de colère; toi, cruelle et froide statue, de quel droit viens-tu nous surprendre? Quelle perfidie médites-tu pour nous perdre?... Viens-tu pour railler ma faiblesse, orgueilleuse, qui n'as jamais aimé? Est-ce que tu peux comprendre, toi, l'ivresse où l'amour nous jette? Est-ce toi qui, pour l'enchantement d'un jour, risquerait ta vie et ton honneur? Ah! va-t'en! Va-t'en! délivre-nous de ta vue!

Mais Nari-Hira murmurait comme dans un rêve :

— O vision céleste! reste encore! et si tu n'es qu'un mirage du sommeil, que le réveil ne vienne jamais!

— Ah! tu viens donc me voler cette heure de bonheur, qui n'aura pas de lendemain? s'écria Isako hors d'elle-même; nous ne serons donc jamais délivrés de toi? Si tu savais, pourtant, quel soulagement ton départ a causé à la cour! Qui donc pouvait seulement exister près de Komati? L'impératrice elle-même sentait son pouvoir chanceler, car, par tes froideurs de déesse, tu te plaisais à troubler le cœur du Mikado; et tous les seigneurs ne soupiraient que pour la belle insensible. Mais ne crois pas que l'on te regrette : ta dureté a lassé l'amour, et nul n'a oublié la mort du malheureux Cho-Jo. Le remords ne hante-t-il pas ton sommeil, à cause de lui? Tu voulais éprouver sa constance, et il dut venir, cent nuits de suite, à travers neiges et tempêtes devant ton palais des montagnes. Te souviens-tu de l'avant-dernier matin, où on le trouva, pâle et froid, comme la neige qui lui servait de lit?... Et qui donc aurait pu toucher ton cœur, puisque le conquérant des âmes, Nari-Hira, pour qui je mourrais en riant, a pleuré en vain à tes pieds, lui qui n'avait jamais pleuré?

— Ah! ces larmes-là ne sont pas encore taries, dit le prince en soupirant. Komati, Komati, pourquoi donc nous as-tu quittés?

Alors Komati répondit d'une voix lente et basse :

— Tu veux le savoir, Nari-Hira? Eh bien! avant de disparaître à jamais, à toi je le dirai, le secret de mon âme, et ce sera la dernière fois que ma voix parlera du passé.

Je n'étais ni cruelle ni froide, comme on l'a cru, mais orgueilleuse et affamée de perfection. Je méprisais cette beauté, qui me valait tant de vaines louanges, pour ne songer qu'à élever mon esprit. Hélas! mieux vaut, peut-être, rester au niveau commun! De plus haut, je ne vis autour de moi que petitesse et misère. Comment choisir un maître, parmi moins grands que soi? Je ne voulais donner qu'une seule fois mon amour, et nul n'en était digne; je le refusais à tous ceux qui croyaient m'aimer.

Mais tu vins à la cour, Nari-Hira, toi, le poète délicieux, dont les vers chantaient sur mes lèvres, et tu m'apparus, beau comme la poésie. Alors je compris qu'on ne donnait pas son âme, mais qu'elle vous était prise, comme la rosée est bue par le soleil. Pourtant, j'eus la force d'être impénétrable, et quand un jour tu pleuras à mes pieds, te sachant le plus inconstant des hommes, j'avais déjà triomphé de ma faiblesse, je pus éviter d'être une fleur fugitive du bouquet de tes amours.

Je fis serment, alors, de ne plus voir qu'avec l'esprit, d'aimer une âme toute à moi; et je remarquai Cho-Jo qui, depuis longtemps, secrètement m'adorait. Je m'aperçus bientôt que j'étais tout son univers : il m'eût aimée laide et vieillie, il m'eût aimée, toujours. Pourtant, avant de céder, je voulus encore éprouver sa constance, car, hélas! sa forme terrestre me cachait souvent son âme exquise, et si ma raison était charmée, mon cœur restait froid. Ah! il n'est plus, l'ami fidèle! Il a prouvé qu'il aimait, jusqu'à la mort, et, dans un irrémédiable désespoir, je fuis à jamais cette cour frivole; j'expie, longuement, le crime inconnu de mon misérable cœur, dont je peux bien, aujourd'hui, avouer la honte! Sache-le donc, Nari-Hira : au coffre de cèdre enfermant un trésor, j'ai préféré la charmante boîte d'or, qui n'était pleine que de parfums.

— Komati! Komati! s'écria le prince, tu m'as aimé! tu m'aimes encore! Ah! reviens! reviens! et je n'aimerai que toi!

— Je mourrai vierge et solitaire, dit Komati en relevant la tête, je resterai fidèle à l'amant qui m'attendra au sortir de la vie. Il vient souvent me visiter, en rêve, me console et m'encourage. Il a ton âme adorable, ô Cho-Jo! et la forme trop séduisante, ô poète! c'est lui seul que je peux aimer.

— Ah! laisse cette folie sinistre, dit Nari-Hira, reprends ton rang et ta splendeur; laisse-moi te conquérir par une longue épreuve. Sache-le, si j'étais vagabond c'est que je te cherchais; ton amour seul était le but de ma course; c'était le palais magnifique, après les hôtelleries de la route.

— Voilà qui est peu gracieux pour celle que tu perds aujourd'hui, dit Komati avec un rire moqueur, ne la vois-tu pas qui sanglote dans les coussins? Écoute, Isako-Tamoura, j'étais venue pour te dire ceci : Ton mari est sur tes traces et a juré de te tuer; hâte-toi de fuir, tu sauras bien lui persuader, par quelque habile mensonge, que tu n'as pas quitté Kioto. Et maintenant, adieu! mon cœur a battu pour la dernière fois; pour la dernière fois j'ai parlé à des vivants!

Et, comme une vision s'évapore, elle disparut à leurs yeux.

L'EVENTAIL DE DEUIL

Le philosophe Tchouan-Tse, un soir, rentra chez lui, très soucieux, et tenant à la main un éventail blanc.

Ce Tchouan-Tse avait été un des disciples favoris du grand Lao-Tse, celui que l'on appelait l'Enfant Vieillard, parce qu'il était né avec des cheveux blancs. Le maître avait révélé à l'élève le sens mystérieux des cinq mille mots du Tao-Te-King et ne lui avait rien caché, d'ailleurs, des arcanes de la bonne doctrine. Tchouan-Tse était illustre déjà : c'était un modèle de vertu et de savoir, son âme avait su se détacher de tout, comme il convient à l'âme d'un philosophe.

Un beau jour, pourtant, l'amour était venu lui prouver qu'il n'était pas aussi invulnérable qu'il le croyait. Une jeune princesse, aperçue par hasard, au moment où le vent jouait avec son voile, avait bouleversé toute sa sagesse et désorienté sa philosophie. Après quelques combats, il s'était rendu de bonne grâce et avait demandé la jeune fille en mariage.

C'était une descendante des rois de Tsi, et, malgré le royaume perdu depuis des siècles, cette famille était fière de sa noblesse et difficile dans ses alliances. Mais un sage illustre peut prétendre à tout : la princesse de Tsi, qui s'appelait Tien, ce qui veut dire Céleste, avait agréé le philosophe et était devenue sa femme.

Tchouan-Tse s'était retiré, avec elle, loin des cours, loin des villes, au pied d'une belle montagne, dans une contrée solitaire du royaume de Song, où il était né, et là, il s'efforçait de faire vivre, en bonne intelligence, la sagesse et le mariage.

Il était donc rentré, un soir, soucieux, pour la première fois depuis ses noces, et rapportant un éventail blanc, qu'il n'avait pas emporté.

Sur sa table de travail, en laque rouge fleurie d'or, l'encre était délayée sur la pierre à broyer, le papier soyeux se déroulait à demi, et les pinceaux montraient leurs pointes effilées hors du cornet de jade fouillé de sculptures.

Il s'assit, en poussant un soupir, puis, prenant un pinceau, il le trempa dans l'encre, et, comme malgré lui, traça ces quatre vers :

> Hélas! le front cache la pensée!
> Le corps le plus charmant peut enfermer un cœur
>   Hypocrite.
>   Vivant, on se croit aimé.
> A peine mort : oublié! Votre femme rêve un autre
>   Amour.

Au moment où il finissait d'écrire, une petite main, blanche comme le lait, armée de longues griffes protégées par des étuis d'or, s'avança lestement et saisit le quatrain.

Tchouan-Tse se retourna : la princesse de Tsi était derrière lui.

Elle avait une belle tunique vert clair, brodée de roses et d'oiseaux. Sa jolie tête secouait tout un buisson d'élégantes épingles à pendeloques, et l'air, autour d'elle, était délicieusement parfumé.

— Mon cher époux, dit-elle, pourquoi avez-vous soupiré? Pourquoi écrivez-vous de pareils vers? Que signifie cet éventail de deuil que vous tenez à la main?

— Voilà bien des questions, ma Céleste.

— Répondez-y.

— Eh bien! sache que j'ai soupiré parce que cet éventail m'inspirait les vers que tu as lus sans ma permission.

— Que voilà de belles réponses de philosophe! dit-elle d'un air boudeur.

— Ne te fâche pas! C'est à propos d'une aventure qui m'est arrivée.

— Contez-moi cela.

D'un mouvement vif et gracieux comme celui d'une chatte, elle s'assit sur les genoux de son mari, s'accrocha d'un bras à son cou.

— J'écoute, dit-elle.

— Aujourd'hui, je promenais mes rêveries près de l'enclos des sépultures, et, très absorbé, j'allais, comme toujours, sans savoir où. Tout à coup je me trouvai au milieu des tombes. Mes réfléxions alors changèrent de cours, je songeais que dans ce lieu tous les hommes étaient égaux : les plus stupides comme les plus sages, et que nul ne revenait de là. Tandis que j'errais lentement, un léger bruit attira mon attention. En levant les yeux, j'aperçus une jeune femme, vêtue de la longue robe blanche sans couture que portent les veuves. Elle était assise près d'un tombeau nouvellement construit, et, avec beaucoup d'ardeur, éventait l'éminence formée par la terre et la chaux encore humides. Je l'examinai quelque temps avec surprise : elle se lassait, changeait l'éventail de main, mais n'interrompait pas sa singulière occupation. Intrigué au dernier point, je m'approchai d'elle et je lui adressai la parole.

— Oserai-je vous demander, lui dis-je, qui renferme ce tombeau et pourquoi vous prenez tant de peine à l'éventer? Croyez-vous donc que les morts aient trop chaud sous la terre?

— Ce n'est pas cela, dit-elle, avec beaucoup de confusion, vous voyez une veuve auprès du tombeau de son époux. La mort me l'a ravi, tout nouvellement. Durant sa vie il me fut bien cher; il m'aimait avec une si vive tendresse, qu'en expirant il mourait deux fois, à l'idée de me quitter. « Ah! ma chère femme, me disait-il, si tu songeais à te remarier, je te conjure d'attendre au moins que la terre battue et mouillée, qui formera ma tombe, soit entièrement séchée, avant de prendre un autre époux. » Maintenant, je vois que cette terre amoncelée ne séchera pas aisément, et c'est pourquoi je suis ainsi occupée à l'éventer, afin de dissiper plus vite l'humidité.

A ce naïf aveu, j'eus bien de la peine à ne pas éclater de rire. Je me contins pourtant, et j'offris à cette veuve, si pressée de noces nouvelles, de l'aider dans sa besogne. Elle accepta avec empressement et, faisant un gracieux salut, me tendit l'éventail. J'eus bientôt raison de l'humidité; la terre devint grise et sèche, la jeune veuve était libre de voler à d'autres amours. Elle me remercia avec reconnaissance, m'offrit même un bijou de sa coiffure, mais j'acceptai seulement l'éventail, que je conserverai en souvenir de cette aventure. J'en ai ri d'abord, mais bientôt j'ai compris combien la scène que je venais de voir était cruelle pour un mari et devait lui donner à penser.

— Mais cette femme est l'opprobre de son sexe! s'écria Céleste, rouge de colère; comment osez-vous avoir l'idée de faire des comparaisons d'elle avec d'autres? C'était là, vraiment, un beau travail pour un sage, que d'aider à éventer cette tombe, et vous avez moins de raison qu'un enfant, en voulant garder un souvenir de cette folie.

Cela dit, elle s'empara de l'éventail et le mit en miettes.

— Tu as tort, il aurait pu te servir à sécher

mon tombeau, dit Tchouan-Tse d'un air mélancolique.

Mais il se repentit de ces paroles : de rouge qu'elle était, la princesse devint toute pâle, battit l'air de ses petites mains aux longues griffes d'or, et tomba, comme morte, sur le tapis.

Tchouan-Tse la prit dans ses bras, l'appela des noms les plus doux, et, comme elle ne répondait pas, il fit brûler de la corne d'antilope ; puis il versa de l'huile transparente dans une tasse, y jeta une pincée de musc en poudre et s'efforça à faire boire cette mixture à sa femme inanimée. Elle revint à elle, enfin, mais ce fut pour verser un torrent de larmes et accabler son mari d'une avalanche de reproches, de protestations de fidélité inébranlable, jusqu'à la mort.

— Allons, c'est bien, dit le philosophe pour clore le débat ; j'ai eu tort, tu es le modèle des épouses, ne parlons plus de cela.

On n'en parla plus, en effet. Céleste reprit sa gaieté et Tchouan-Tse ses études. Mais si ce dernier paraissait heureux, s'il montrait un visage souriant, il souffrait en secret : le ver était dans le fruit, le soupçon rongeait son bonheur. Il eût voulu à la fois être mort et vivant, pour savoir ce que valait l'amour de sa femme. Cent fois par jour il se demandait : Me pleurerait-elle? attendrait-elle la fin de son deuil pour prendre un autre mari?

Cette préoccupation constante troubla sa santé et bientôt l'altéra gravement. Un jour, en rentrant d'une longue promenade, il se dit très mal à son aise et prit le lit.

Rapidement la maladie s'aggrava, les médecins déclarèrent bientôt que le philosophe était perdu. Céleste ne quittait pas ses côtés et versait d'abondantes larmes.

— Il va donc falloir nous quitter! disait Tchouan-Tse, jure-moi, au moins, pour m'adoucir le chagrin du départ, que tu ne donneras pas ton cœur à un autre homme, avant que mon tertre funéraire ne soit séché.

— Je jure que, si je peux te survivre, je ne me remarierai jamais! cria Céleste à travers les sanglots.

Et, comme le moment suprême approchait, on enleva le malade de son lit et on l'emporta au sud-ouest de la maison, dans la chambre sacrée, afin qu'il pût mourir là, selon les rites.

On l'étendit sur le sol, en ayant soin d'éloigner de lui les armes et les instruments de musique, et l'on fit des aspersions de tous côtés.

Bientôt le médecin annonça que l'esprit vital de l'illustre philosophe avait quitté son corps.

Alors Céleste sembla prise de convulsions; elle se tordit les bras, ses doigts se crispèrent, et elle ploya sa taille souple en arrière comme si elle allait se rompre; puis elle s'élança hors de la salle, en poussant des gémissements pitoyables. Elle monta au premier étage; puis au second, et, sans s'arrêter, atteignit le grenier; là, on la rejoignit et on lui fit observer que ce n'était pas elle qui devait accomplir cette cérémonie.

— Nulle autre voix que la mienne ne rappellera l'esprit vital de mon époux, dit-elle, en repoussant les serviteurs qui voulaient la retenir.

Et, enjambant la fenêtre, elle fit quelques pas dans la gouttière, puis, s'aidant des genoux, des mains et des ongles, elle se mit à gravir la pente du toit, au risque de glisser le long des tuiles vernies et de s'aller rompre la tête sur les dalles de la cour. Une force nerveuse la soutenait; elle arriva jusqu'à la crête et, s'accrochant à la chimère de bois découpé qui ornait l'un des coins du faîtage, elle put se mettre debout. C'était bien là le lieu le plus élevé et le plus dangereux de la maison, celui que l'on doit atteindre, selon qu'il est prescrit, pour rappeler l'âme envolée. Céleste se tourna vers le Nord.

— Tchouan-Tse! reviens! reviens, reviens! cria-t-elle.

Et, à chaque appel, elle enflait sa voix. La dernière fois on dut certainement l'entendre à une distance de plusieurs *lis*. Mais l'esprit vital du philosophe avait fait déjà, sans doute, plus de chemin que cela.

La princesse s'assit sur le toit et se laissa glisser jusqu'à la gouttière, puis rentra dans le grenier. Alors, en jetant des cris affreux, elle dégringola les étages et se rendit dans la cour. Alors — bien que cette cérémonie fût généralement abandonnée — elle se mit à sauter de-ci de-là, pour témoigner qu'elle avait l'esprit égaré par la douleur. Elle retourna ensuite auprès de l'époux défunt, que l'on avait replacé sur son lit, et elle lui fit elle-même, en sanglotant, la toilette funèbre.

Quand il fallut le mettre dans le beau sarcophage sculpté, qu'elle connaissait depuis longtemps, elle perdit connaissance, ainsi qu'elle le devait.

Céleste n'avait pas de parents auprès d'elle; dans la solitude où s'était retiré le philosophe, elle recevait bien peu d'amies et n'avait pas de voisins. Elle était là bien seule, avec son chagrin, bien seule et bien faible.

Le soir, les lettres mortuaires expédiées, elle prit le vêtement de grand deuil, en chanvre écru, sans couture ni ourlet. Elle se fit faire, dans le vestibule, un lit d'herbes sèches, avec une brique pour oreiller; et elle se préparait à s'y coucher, sans souper, lorsqu'un bruit se fit entendre hors de la maison : des piaffements de chevaux, des coups frappés sur la porte extérieure.

La jeune veuve, très effrayée, envoya un serviteur s'informer de ce que c'était.

Le serviteur revint bientôt, suivi d'un beau jeune homme, qui entra si brusquement derrière lui, que Céleste n'eut pas le temps de s'enfuir ni de se cacher le visage derrière sa manche. Elle poussa un petit cri de pudeur et se recula jusqu'à l'escalier; mais le nouveau venu ne sembla pas s'apercevoir de son trouble.

— Est-il possible que mon bien-aimé maître ait quitté ce monde! s'écria-t-il avec l'accent d'un profond désespoir. Quoi! il m'écrit de venir le voir dans sa retraite; aussitôt son invitation reçue, je me mets en route, et voilà ce qui m'attendait à l'arrivée! Hélas! hélas! suis-je assez malheureux!

Et tout en pleurant il demanda à être conduit auprès du défunt, afin de lui rendre les funèbres hommages.

Pendant ce temps-là Céleste interrogea le domestique, qui était venu avec ce jeune disciple du philosophe, et elle apprit par lui que c'était un noble étudiant qui s'appelait Li-Tiu et avait déjà passé brillamment plusieurs examens. Elle sut aussi qu'il venait d'une province lointaine, que les routes étaient mauvaises et peu sûres, que, pour arriver avant la nuit complète, il ne s'était arrêté ce jour-là à aucune auberge et n'avait pas mangé depuis le matin.

En entendant cela, la jeune femme fit taire son chagrin et commanda en toute hâte un souper.

Li-Tiu, quand il redescendit, la trouva occupée à surveiller la disposition des coupes de porcelaine sur le marbre rose de la table des repas.

— Noble jeune fille, lui dit-il, en s'inclinant, ne pourrais-je voir la veuve de mon maître illustre, pour lui présenter mes tristes devoirs, et prendre congé d'elle?

— Pourquoi m'appelez-vous jeune fille? dit Céleste; vous avez devant vous, seigneur, l'épouse infortunée de Tchouan-Tse.

— Je vous prenais pour sa fille, pardonnez-moi, s'écria l'étudiant, avec un sursaut de surprise, et il ajouta, comme à lui-même : Je ne savais pas que ce philosophe, touché déjà par l'hiver, avait pour compagne le printemps en fleur.

La princesse trouva cette remarque inconvenante; mais en même temps, sans qu'elle pût s'en défendre, elle lui fit plaisir, et elle dit très vite, pour cacher son embarras :

— Vous parliez de prendre congé; voilà qui est impossible. Les mânes de mon époux n'auraient pas de repos si je ne remplissais pas, comme il convient, les devoirs de l'hospitalité envers un de ses plus chers disciples. Daignez vous asseoir à cette table, qui est servie pour vous, et ne songez pas à repartir avant demain.

— Ce serait folie de refuser, dit Li-Tiu, après un moment d'hésitation, car nos chevaux sont incapables de faire un *li* de plus; mais je ne serai pas assez cruel pour apaiser ma faim quand vous êtes, vous, contrainte à jeûner. Je ne toucherai au repas que si vous le partagez avec moi.

— Ah! seigneur, cela serait tout à fait contraire aux rites.

— Eh bien! je veux jeûner avec vous.

On venait d'apporter les mets et Céleste, qui mourait de faim, défaillait à leur odeur. Elle n'y put tenir.

— Par égard pour votre appétit, dit-elle, je prendrai un peu de riz. Mais comme il se réglait sur elle il fallut bien qu'elle touchât à tous les plats et, sans le vouloir, elle mangea à sa faim.

La nuit, sur le lit d'herbe sèche où elle s'était couchée, sans dénouer sa ceinture, la brique, qui tenait lieu d'oreiller, lui meurtrissant le cou, elle ne dormit pas un seul instant et, au lieu de l'époux défunt qu'elle évoquait, en s'efforçant de pleurer, l'image du bel étudiant, avec sa gracieuse stature, ses longs yeux noirs et sa bouche, vermeille comme une pêche mûre, s'imposait à son esprit.

En se levant, le matin, toute courbaturée, elle soupira à l'idée que ce jeune étanger allait repartir. Mais c'était l'heure de sangloter auprès du mort, de faire une libation et de présenter des offrandes; et la princesse s'acquitta de ces devoirs.

A sa toilette, elle passa plus de temps qu'elle ne l'aurait dû; et, très honteuse d'avoir laissé ses longs ongles entre les tuiles du toit, elle mit au bout de ses doigt les étuis d'or, comme s'il y avait eu encore quelque chose à protéger.

En redescendant, elle vit le domestique de Li-Tiu sortir de la chambre de son maître, le visage tout attristé.

— Noble veuve, dit-il, voici un contretemps fâcheux qui va vous contrarier beaucoup : ce jeune seigneur, mon maître, est sujet à des crises violentes, à cause d'une grave maladie qui lui est venue par un excès de travail. La triste nouvelle qui l'a surpris hier, en arrivant ici, a troublé son cœur, et, au moment où il était prêt à partir, il vient d'être saisi par un accès de cette mauvaise fièvre.

— Faisons vite appeler le médecin! s'écria Céleste.

— C'est inutile, princesse, répondit le serviteur; moi seul je sais le soigner, et je vais me rendre aux cuisines pour préparer ce qu'il faut, si vous voulez bien, pendant mon absence, rester auprès du malade.

— Allez, je veillerai sur lui, dit la jeune femme.

Et, malgré toute sa volonté de rester sur le seuil, elle ne put résister au désir qui la poussait à entrer dans la chambre.

Les stores, baissés devant les fenêtres, atténuaient la lumière et faisaient une pénombre verdâtre. Li-Tiu était étendu, tout habillé, sur le lit.

En voyant Céleste il voulut se lever pour la

saluer, mais elle s'avança vivement afin de l'en empêcher.

— Gardez-vous bien de faire aucune imprudence, dit-elle. Je suis désolée de vous savoir malade et je fais des vœux pour votre guérison. Souffrez-vous beaucoup?

— Votre voix si douce est comme un baume, dit-il très bas. C'est dans la tête qu'est la douleur, une affreuse douleur, une brûlure. Votre main, qui a la couleur de la neige, doit en avoir la fraîcheur; il me semble que, si elle se posait sur mon front, je serais soulagé.

— Cela ne se doit pas, dit Céleste en rougissant.

Mais il avait déjà saisi sa main et la retenait dans la sienne. La jeune femme trouva cela tout à fait choquant; mais elle pensa en même temps :

— Quelle bonne idée j'ai eue de remettre mes ongliers d'or!

— Vous ne voulez donc pas me guérir? demanda-t-il d'un air suppliant.

Elle ne résista plus et, d'elle-même, posa

sa main sur les longs sourcils noirs, qui semblaient taillés dans du satin, et qu'elle caressait des yeux.

— Ah! que vous êtes bonne! s'écria Li-Tiu et que cela me fait de bien! Laissez-moi vous dire que c'est à cause de vous que m'est venue cette méchante fièvre. J'ai été saisi d'horreur en apprenant que vous étiez la femme de Tchouan-Tse; je n'ai pu supporter l'idée que ses soixante hivers ont glacé vos dix-huit printemps et que la limace possédait la pivoine.

La jeune veuve trouva que le disciple parlait bien peu respectueusement de son maître; mais elle s'avoua, qu'en somme, ce qu'il disait était parfaitement juste.

Tout à coup, il la repoussa et se leva, les sourcils froncés, les yeux étrangement luisants.

— Non! non! laissez-moi, dit-il; à quoi bon me guérir? Hors d'ici il n'y aura plus de repos pour moi! J'emporterai un regret éternel. Ah! pourquoi y suis-je venu? Moi, qui me souciais si peu des femmes et leur préférais l'étude, se peut-il, qu'en un instant, la vue de cette jeune veuve m'ait ravi l'esprit et le cœur, à tel point que je suis fou de rage en pensant qu'un autre homme l'a vue avant moi, comme s'il m'avait volé mon bien?

Le domestique rentra en ce moment, avec les remèdes, et Céleste s'enfuit, toute bouleversée de ce qu'elle venait d'entendre.

Elle rencontra le cercueil de son mari, que l'on transportait dans un pavillon situé à un des angles de la cour, et elle fut un moment sans comprendre ce que c'était. Le souvenir lui revenant brusquement, elle se mit à sangloter, et suivit le cortège. On fit des offrandes de riz, de viandes et de vin, puis on laissa le mort dans ce pavillon, où il devait attendre, pendant un mois, ses funérailles.

Le soir, Li-Tiu semblait remis de son mal, et il s'excusa auprès de Céleste des ennuis qu'il avait causés; puis il ajouta, sans oser la regarder :

— Oubliez les paroles criminelles que je

vous ai dites dans le délire de la fièvre, j'en suis honteux et désolé.

— Quoi! s'écria la princesse, dont les yeux soudain se remplirent de larmes, tout cela n'était que mensonge?

L'étudiant eut un ardent regard, qui sembla boire cette rosée qu'une aurore d'amour faisait rouler sur des joues charmantes.

— La fièvre m'a arraché un aveu que j'aurais dû taire, au risque d'en mourir, dit-il, mais qui n'est, hélas! que trop sincère. Est-il possible qu'il ait trouvé un écho dans votre cœur?

— Mes indiscrètes larmes m'ont trahie, à ma grande confusion, murmura la jeune femme. Ne m'en demandez pas plus.

Elle eut des rêves charmants, cette nuit-là, dans sa chambre, dépouillée des tentures et des tapis en signe de deuil, au fond de son grand lit de bambou, en forme de lanterne ronde.

Le lendemain, elle s'éveilla, le cœur inondé

de joie, et elle s'avoua que, de sa vie, elle n'avait été aussi heureuse.

Mais à ce bonheur succéda une angoisse extrême, quand on lui apprit que le jeune étranger avait eu une nouvelle crise, beaucoup plus grave que la première, et que ses jours étaient en danger.

Toute pâle et sans souffle elle s'élança dans la chambre. Le domestique était à genoux auprès du lit et pleurait, tandis que Li-Tiu, blême, immobile, les yeux clos, semblait mort.

— Ah! mon bon maître, gémissait le serviteur, je ne puis plus rien pour vous! Dans une heure vous nous aurez quittés pour toujours!

— S'il vit encore, pourquoi restes-tu là, stupidement, à geindre, au lieu d'essayer de le sauver? s'écria Céleste hors d'elle-même.

Et elle ajouta, en secouant rudement le domestique :

— Je ne veux pas qu'il meure! entends-tu? Je ne le veux pas!

— Illustre princesse, répondit-il, il n'existe qu'un remède capable de le rappeler à la vie, et il est impossible de se le procurer.

— Quel remède? dites-le vite! On fait l'impossible, quelquefois.

— Ah! noble veuve, à quoi bon lutter contre le destin? dit le serviteur en soupirant; pour sauver mon jeune maître il faudrait pouvoir lui appliquer sur le front, à plusieurs reprises, de la cervelle d'un homme mort récemment...

— Ce n'est que cela? s'écria Céleste.

Sans perdre un instant, elle courut au bûcher et décrocha la hache avec laquelle on fendait le bois; puis elle s'élança, sans hésiter, dans le pavillon funèbre où Tchouan-Tse reposait.

Sans grand effort, elle fit sauter le couvercle du sarcophage, qui n'était pas encore scellé; elle arracha les linceuls de soie, et leva la hache sur le crâne du mort.

Mais alors un cri d'horrible épouvante s'étrangla dans sa gorge. Avec un éclat de rire effroyable, le mort s'était dressé et lui avait saisi le bras.

— Ah! ah! la voilà, cette veuve inconsolable, qui croyait ne pas me survivre! hurla-t-il d'une voix terrible. La voilà, la hache à la main, pour m'ouvrir le crâne, afin de prendre ma cervelle et d'en faire un emplâtre à son amant! et cela, le troisième jour après ma mort! Ah! ah! misérable niaise, comme tu es bien tombée dans le piège! Je ne suis pas mort du tout, et c'est moi qui ai imaginé tout cela pour voir un peu ce que vaut une femme. Hein! il te plaisait, mon joli disciple, et il a bien joué son rôle...

Céleste, par un effort désespéré, parvint à se dégager, et elle s'enfuit, serrant ses tempes entre ses mains, convulsée de douleur et de honte, de douleur surtout, car elle murmurait seulement :

— Li-Tiu! hélas! hélas! traître et bourreau!

Puis, dénouant sa ceinture, elle alla se pendre à un prunier du jardin.

Tchouan-Tse la poursuivait de son rire horrible, et, quand il la vit osciller à l'arbre tortueux, lamentablement allongée dans sa blanche robe de deuil, il rentra dans la maison, traînant ses suaires et brandissant la hache. Il monta dans la chambre conjugale et là, avec frénésie, il se mit à taper sur toutes les potiches, en dansant, et en chantant ces vers qu'il improvisait :

« Un emplâtre avec la cervelle d'un philosophe, voilà ce que le modèle des épouses allait préparer de ses doigts mignons !

« Elle a eu raison de mettre en miettes l'éventail de deuil ; c'était trop peu pour elle, c'est une hache qu'il lui fallait pour m'ouvrir le crâne !

« Ha ! ha ! Toutes les femmes devraient être pendues à des pruniers ; comme cela, les hommes auraient la paix !

« Et tous pourraient se réjouir ainsi que moi, en tapant sur des pots ! »

La fenêtre était toute grande ouverte, et un oiseau, excité par le tapage, chantait à plein gosier. Tchouan-Tse croyait entendre une voix qui le narguait, et il avait beau redoubler de bruit, malgré lui, par-dessus tout, il entendait cette voix :

« Ha! ha! (disait-elle) philosophe niais! sous ta gaieté feinte ton cœur est crispé de désespoir.

« Tu avais en cage un ravissant colibri, qui croyait que c'était là tout l'univers, et que ta barbe grise était ce qu'il y avait de plus beau.

« Niais! niais! tu as voulu tenter ses ailes; tu lui as montré la jeunesse du printemps et le ciel de l'amour.

« Ha! ha! il a pris son vol, l'oiseau qui faisait ta joie; pleure maintenant, philosophe imbécile, pleure auprès de la cage vide! »

— Est-ce donc l'âme de Céleste qui vient me railler? s'écria Tchouan-Tse exaspéré.

Et il prit un tesson qu'il lança dans le feuillage. L'oiseau s'envola en jetant un cri moqueur, et il emporta, peut-être, avec lui, la raison du philosophe, qui continua à danser et à chanter, en tapant sur les potiches.

UNE

FAVORITE DU FILS DU CIEL

A Gabriel Deveria.

1

On avait établi le camp aux pieds de la Grande-Muraille de Chine, cette prodigieuse folie de six cents lieues de long, œuvre d'un empereur qui s'est illustré par le plus monstrueux des crimes : l'incendie des livres.

L'armée qui campait là était une armée victorieuse. Elle revenait des confins de la Perse, où elle avait écrasé les guerriers de Kachgar, d'Aksou, de Yarkand, et soumis jusqu'aux sauvages hordes Kirghiz.

L'œuvre de la guerre était accomplie, le butin partagé, les prisonniers égorgés, hormis les plus illustres, amenés captifs pour servir au triomphe du vainqueur. Plus de dangers : les douceurs de la paix et les vanités de la gloire.

Le général Tchao-Hoeï, commandant de cette armée, s'était arrêté à dix lieues de Pékin, près d'un torrent, dont la course bruyante animait le site, et, à l'ombre de la géante muraille, qui enjambe les montagnes et barre les vallées, il avait élevé un autel et dressé une tente magnifique.

C'est qu'un honneur insigne était réservé au général, une faveur qui allait l'illustrer à tout jamais et devant laquelle le souvenir même de ses fatigues, misères et blessures, s'effacerait de sa mémoire, comme un léger brouillard au soleil de midi : le maître de l'Empire-Unique, celui qu'on ne nomme qu'en tremblant, le Fils du Ciel lui-même, de sa main divine, lui servirait une tasse de thé.

Pour cela, l'empereur venait tout exprès de Pékin : ainsi le voulaient des rites anciens, ressuscités, en l'honneur du chef vainqueur, par l'illustre et glorieux Khien-Long.

Au centre du camp, circulairement entouré d'un mur de toile, la tente du chef est placée; très simple, meublée seulement de quelques sièges, de peaux de bêtes jetées sur le sol, et d'un arbuste en fleurs, dans une cuve de porcelaine.

D'instant en instant arrivent par escouades, au galop de leurs chevaux, des hérauts qui portent un long bâton jaune, sur lequel est gravé un caractère qui signifie : « Avertissement ». Ils annoncent que le cortège impérial approche.

Tchao-Hoeï, assis devant sa tente, les mains sur les genoux, le cœur palpitant sous sa cotte de mailles d'or, le front contracté sous les riches aigrettes de son casque, compte les minutes qui passent. Tout le camp est silencieux, l'esprit suspendu à cet événement qu'on attend. A chaque moment, des cavaliers gravissent d'un élan les pentes qui conduisent au faîte de la Grande-Muraille — sur laquelle six d'entre eux pourraient galoper de front — et ils interrogent des yeux le lointain. Bientôt, sans doute, les éclaireurs vont apparaître au détour de la passe de Tcha-Tao.

Les regards du général, cependant, ne sont pas aussi enchaînés au dehors qu'ils devraient l'être : quelque chose, dans l'intérieur de la tente, semble les attirer invinciblement, les distraire de leur attente fébrile.

Ce qui l'attire, c'est un adolescent, affaissé dans un coin sur une peau d'ours, et qui paraît absolument étranger à l'émotion générale. Il est d'une beauté surprenante, des yeux d'enfant, une chair de fleur; mais un pli de souffrance au coin des lèvres délicates, trop de pâleur et trop de tristesse. Sa tête est à demi rasée, selon la mode tartare, et une longue natte noire tombe de sa nuque et miroite dans les poils fauves de la peau d'ours.

Le général enveloppe d'un regard plein de tendresse le triste jeune homme, et des soupirs contenus font grincer le métal de l'habit guerrier sur la poitrine du vieux chef. Il ne se trompe pas : ces beaux yeux qu'il contemple ont un éclat étrange, une scintillation de diamant qui n'est pas naturelle.

— Tu pleures, Ominah? dit-il tout à coup.

L'adolescent relève brusquement la frange rayonnante de ses longs cils mouillés.

— Général, dit-il, où est mon père?

— Chut! enfant, parle plus bas. Ton père, l'infortuné bey de Kachgar, ne figurera pas au triomphe de l'empereur. Par amour pour toi, j'ai trahi mes devoirs, je l'ai fait passer pour mort, puis j'ai favorisé sa fuite. Il reverra sa patrie.

— Qu'Allah te rende au centuple tous ces bienfaits!

— Si tu voulais sourire un peu, je serais largement récompensé.

— Sourire! s'écrie le jeune homme avec une amère torsion des lèvres; j'ai froid au cœur : d'affreux pressentiments m'oppressent.

A ce moment, des cris éclatent au dehors.

Les trompettes font entendre une fanfare, et les gongs vibrent, à travers les roulements des tambours. Le cortège impérial est en vue.

Un nuage de poussière, traversé de lueurs, s'avance dans la plaine, et l'on voit bientôt paraître les mules, caparaçonnées de soie jaune, qui portent le thé du Fils du Ciel. Elles vont d'un pas vif, sous leur légère charge qui parfume l'air autour d'elles.

Plus loin, apparaît un trône vide, tout en or, qui oscille sur les épaules de nombreux esclaves vêtus de satin rouge. Puis s'avance un escadron d'archers, à l'air fier et intrépide, montés sur d'élégants chevaux à la tête fine. Ils sont vêtus de vestes blanches, cernées de larges bandes sombres, de robes de peaux crânement relevées des coins et découvrant des bottes de velours noir. Ils portent en bandoulière le carquois hérissé de flèches, ainsi que l'arc verni, engagé dans un demi-étui de cuir frappé.

En vestes bleues et jaunes, les lanciers viennent ensuite, leur longue lance en travers du dos, le fer en bas, protégé par une gaine.

Quand ils sont passés, des hommes, échelonnés au bord du chemin, jettent des pelletées de sable fin sur le sol, et aussitôt s'avance, les rideaux fermés, soutenu par seize porteurs, le palanquin jaune de l'empereur. Deux cavaliers, hauts dignitaires de la cour, marchent à droite et à gauche, et, derrière le palanquin, caracole la superbe cohorte des princes du sang, dont les chevaux sont bridés et sellés de velours violet, et qui portent une lance à laquelle pend une queue de léopard.

Des chars magnifiques, de formes élégantes, tendus de soie jaune richement brodée, traînés chacun par deux belles mules blondes, caparaçonnées d'étoffes jaunes et or, avec tout leur harnachement doré, viennent ensuite. Ces voitures, soigneusement closes, cachent les femmes préférées que l'empereur a choisies pour le suivre dans son voyage.

D'autres voitures, vertes, bleues ou rouges, terminent le cortège, et d'entre leurs rideaux flottants d'étranges clameurs s'échappent : aboiements aigus, miaulements d'effroi, jolis pépiements d'oiseaux. Les eunuques du palais occupent ces voitures, et gardent, avec grand souci, les chiens rares au nez aplati, les chats blancs aux yeux bleus et les cages d'alouettes chanteuses, dont les princesses n'ont pas voulu se séparer.

Le canon tonne, les gongs et les trompettes de cuivre vibrent avec un éclat terrible.

L'empereur descend de son palanquin. Il apparaît, très simple, dans une robe de satin bleu foncé, et tous les assistants se prosternent, touchant la terre du front. Tchao-Hoeï se jette aux pieds de Khien-Long; mais ce dernier le relève et lui dit avec un sourire affable :

— L'empire et l'empereur te remercient de tes bons services.

Et, refusant d'entrer sous la tente qu'on lui a préparée, il veut se rendre à celle du général, tout confus de cet honneur.

Il n'est pas seulement confus d'une gloire trop haute, l'illustre guerrier, le héros de ce jour; c'est un autre sentiment dont la secousse lui empourpre soudain le visage : ce jeune captif, qu'il voudrait dérober à tous les yeux, il est dans la tente vers laquelle on se dirige, et on ne peut l'avertir de se retirer. Pourvu que le maître ne pénètre pas la ruse de ce déguisement !

Déjà l'empereur atteint l'entrée ; il s'enfonce sous l'ombre des étoffes, s'assied sur un banc recouvert d'une peau d'ours.

Les serviteurs s'empressent d'apporter tous les ustensiles nécessaires à la préparation du thé, et, tandis que, dans la bouilloire d'or posée sur des braises, la neige fondue fume et frémit, Khien-Long, écoutant distraitement les compliments distraits de son chef d'armée, laisse ses regards errer autour de lui. Dès qu'ils rencontrent le beau visage d'Ominah, ils deviennent attentifs, s'y arrêtent avec une surprise charmée, ne s'en détachent plus.

Le général balbutie, s'embrouille, ne sait ce qu'il dit ; mais l'empereur ne l'écoute pas et, brusquement, l'interrompt :

— Celui-ci, qui est-ce ?

— Un jeune eunuque à mon service et que

j'aime comme s'il était mon fils, répond Tchao,
qui de rouge est devenu blême.

Un imperceptible sourire étire les lèvres du
maître, qui, cependant, n'objecte rien. Bientôt
il présente au général la tasse odorante, d'où
la vapeur du thé s'élève en légers nuages.

La tasse tremble dans la main du guerrier.
Le thé bouillant déborde sur ses doigts, le
brûle cruellement, tandis que, par flatterie, il
s'efforce de réciter les vers fameux que l'empereur lui-même a composés sur sa boisson
favorite :

« Au-dessus de la braise ardente, posez un
vase à trois pieds dont la couleur indique de
longs services. Que la neige fondue l'emplisse d'une eau limpide, et qu'on la laisse
chauffer jusqu'au degré qui suffit pour blanchir le poisson et rougir le crabe.

« Dans la tasse, faite de terre de Yué, sur
les feuilles d'un thé délicat, qu'elle soit versée
aussitôt, cette eau, et laissée en repos jusqu'au
moment où les vapeurs, qui s'élèvent d'abord

en épais nuages, ne soient plus qu'un léger voile de brouillard.

« Humez alors, sans précipitation, cette liqueur délicieuse, et vous travaillerez à écarter les cinq sujets d'inquiétude qui viennent d'ordinaire nous assaillir.

« On peut savourer l'arome exquis, on peut respirer le subtil parfum, mais qui donc pourrait exprimer la douce quiétude que l'on doit à ce breuvage incomparable [1] ? »

Mais la mémoire manque au général : il fausse le rythme, se perd, recommence.

---

[1]. Cette poésie et quelques autres, traduites en français, valurent à l'empereur Khien-Long la fameuse épître de Voltaire :

Reçois mes compliments, charmant roi de la Chine.
Ton trône est donc placé sur la double colline.
. . . .
On sait dans l'Occident que, malgré mes travers,
J'ai toujours fort aimé les rois qui font des vers.
. . . .
O toi que, sur le trône, un feu céleste enflamme,
Dis-moi si ce grand art dont nous sommes épris
Est aussi difficile à Pékin qu'à Paris...

L'auteur ne sourcille pas, n'entend rien; son lourd regard pèse toujours sur Ominah, qui se tient debout au fond de la tente, les yeux baissés, divinement beau, et pâle comme l'albâtre.

II

Khien-Long est revenu dans sa capitale.

Le jour même de l'entrée triomphale de l'empereur, Ominah a été inscrit au nombre des eunuques du palais impérial. Mais il habite seul, inoccupé, entouré d'égards, tandis que les joailliers de la cour se hâtent de graver, en or sur une plaque de jade, un nom que l'empereur lui-même a choisi : Rêve-Céleste.

Dès le premier regard, en même temps que l'émotion d'une passion naissante caressait son cœur, Khien-Long a reconnu qu'Ominah était une femme. Et c'est à la place d'honneur, parmi le nom de ses épouses, dans le pavillon appelé Kiao-Taï-Kien, qui est comme une chapelle d'amour, que l'on va suspendre la plaque de jade si finement travaillée.

Il est très particulier ce pavillon, à la riche architecture. Sous sa toiture double, dont les angles se relèvent comme des pointes d'ailes, il ne contient rien de plus que des noms de femmes, inscrits sur des tablettes de jade et suspendus aux murailles. Des noms, des surnoms plutôt et tels que ceux-ci : **Ombre des Pins, Reine des Pivoines, Source d'Argent, Parfum des Lotus, Génie du Bonheur, Cyprès d'Elégance**...

Ce sont là comme les pages du livre de l'amour, lu et relu, selon l'impériale fantaisie de l'amant, qui, chaque jour, le feuillette. Le chef des eunuques est le desservant de ce temple; il y vient, vers le soir, parcourt la galerie, lisant les noms des bien-aimées, et, quand il voit une des plaques de jade retournée, il s'arrête : il sait l'ordre suprême. C'est ainsi que s'exprime le choix du maître.

Devant le palais habité par l'élue, le chef des eunuques fait aussitôt suspendre une lanterne rouge. La femme est ainsi avertie de l'honneur qui lui échoit. A la nuit close, deux eunuques viennent la chercher.

Elle ne doit avoir aucune autre parure, aucun autre vêtement que sa beauté. L'un des eunuques l'enveloppe dans un ample manteau de satin rouge, l'autre la prend sur son dos, l'emporte dans l'appartement du Fils du Ciel.

III

Khien-Long était follement épris de cette captive musulmane, si cruellement ravie par lui au victorieux guerrier, qui en séchait de chagrin. Il la trouvait plus belle qu'aucune des femmes de son palais, et belle d'une beauté si différente !

Tout d'abord, dans l'ivresse des premiers jours, l'empereur avait été heureux jusqu'au délire. La jeune fille, vaincue et résignée, ne résistait pas. Elle était pénétrée de son impuissance et de l'inutilité de tout effort. Mais bientôt il reconnut qu'il ne serait dans ses bras qu'une esclave inerte, dont le cœur, peut-être, se crispait de haine, tandis qu'il frémissait de bonheur à l'écouter battre.

Cette pensée attrista son amour, sans le diminuer en rien, et il fit tous ses efforts pour apprivoiser ce cœur farouche, pour faire naître un éclair de joie dans ces yeux splendides, mais toujours sombres et désolés. C'était en vain : l'exilée ne rêvait que de sa patrie perdue; son âme était comme absente de son corps. Cependant, l'empereur ne renonçait pas à la conquête de cette captive adorée, qui ne voyait en lui qu'un tyran inévitable.

Un jour, Ominah errait tristement dans les jardins du palais, songeant à d'autres jardins, moins beaux sans doute, mais où elle n'était pas prisonnière.

Au bout de l'allée ombreuse, elle vit paraître le Fils du Ciel. Craignant de s'être avancée hors des limites permises, elle voulut se retirer; de loin, il lui sourit, la retint d'un geste : c'était elle qu'il cherchait.

Il la prit par la main, et la conduisit sur le

versant occidental de la montagne enfermée dans l'enceinte du palais.

Là, au milieu d'un bouquet d'arbres, dans un parterre des fleurs les plus rares, s'élevait un ravissant pavillon, nouvellement construit, orné de colonnettes de jaspe et de lapis, ramagé de sculptures, le toit chargé de chimères d'or.

Avec une sorte de hâte émue, l'empereur gravit les marches, entre les balustrades de laque pourpre, entraîna la jeune fille dans l'intérieur du pavillon.

Ominah, jusque-là insensible, laissa échapper un cri de surprise : autour d'elle, tout ce qui meublait et décorait la chambre lui rappelait les demeures de son pays; mais tout était plus splendide que ce qu'elle avait vu jamais. Malgré elle, elle s'ébahissait de la rareté et du prix de chaque objet. La lampe de mosquée, en verre émaillé, qui pendait du plafond était une vraie merveille, et sur le large divan entourant la salle, jetés à profusion, ces tapis brodés d'or et d'argent, étaient-ce bien les antiques et inestimables chefs-d'œuvre, si recherchés, que les rois seuls les possédaient?... Elle ne pouvait se retenir de les palper, de chercher à leur angle la marque des artistes de Mesched. Puis elle s'enfonça dans une rêverie, sa pensée parcourut l'espace qui la séparait de sa patrie, et, de nouveau, le chagrin pesa sur son cœur, vint submerger cette minute d'illusion. L'empereur avait soulevé le châssis d'une fenêtre.

— Viens, ma bien-aimée, dit-il, regarde. Du lieu où nous sommes, le point de vue mérite, vraiment, d'être admiré.

— A quoi bon? dit Ominah, affaissée sur le divan; ce que je verrai là n'est pas ce que je désire voir.

— Qu'en sais-tu?

Et, avec une douce violence, il l'entraîna vers la fenêtre. Cette fois, la belle musulmane resta muette, les yeux élargis de stupeur.

Est-ce bien possible?... Cette ogive géante, dont le marbre blanc, fouillé d'arabesques rehaussées d'or et d'azur, resplendit aux rayons obliques du soleil couchant, c'est le portail de la mosquée de Kachgar!... Sur la place, voilà bien la fontaine des ablutions, à l'ombre du grand figuier, et, plus loin, le bazar, les maisons aux toitures de faïence noire et verte, les cours, les terrasses, les petites rues étroites et tortueuses de la ville natale!

— Est-ce un rêve, un mirage? murmure Ominah, qui ne peut rassasier ses yeux d'un tel spectacle.

— Tout est réel, dit l'empereur. Des milliers d'ouvriers ont travaillé nuit et jour, d'après mes ordres, pour édifier ce tableau, que je pensais devoir te plaire. Que ne ferais-je pas pour te voir sourire, pour effacer de tes yeux cette tristesse qui me désole? Ai-je réussi aujourd'hui à te contenter? Je ne le crois pas. Je suis parvenu à t'étonner, mais je n'ai pu toucher ton cœur, qui n'a pas eu pour moi le moindre élan de gratitude.

— Votre bonté me rend confuse, et j'en suis indigne, dit Ominah. Certes, j'admire le prodige de cet ouvrage; mais, tel que le portrait inerte d'un absent trop cher, il ne peut que raviver les regrets de la séparation. Ces demeures sont vides, ces rues désertes; aucun fidèle ne franchit le seuil de la sainte maison. Jamais plus, hélas! je n'entendrai notre saint prêtre chanter, comme autrefois, l'hymne du soir!...

A ce moment, une voix sonore éclata dans le silence :

— *Allahou Akbar! Allahou Akbar! Achadou an là ilâha illâ llah!*

Toute frémissante, la jeune fille se penche à la fenêtre. Sur la terrasse de la mosquée l'akhoum est là, les bras au ciel, appelant à pleine voix les musulmans à la prière. Et, hors des maisons, le long des rues, sur la place ensoleillée, les fils du Prophète se hâtent vers la mosquée, disparaissent sous la pénombre de la sainte porte.

—*Achadou enne, Mouhammedan rasouloullah!*

Cette fois, Ominah est vaincue : un sanglot jaillit de sa poitrine; mais c'est sur le cœur de l'amant qu'elle pleure, de l'amant enivré, qui boit ces larmes avec délices.

IV

Chaque jour, à l'heure de la prière, la jeune musulmane venait maintenant dans ce pavillon, s'agenouillait à la voix de l'akhoum et priait avec ferveur. Puis, longuement, elle laissait errer ses regards, par-dessus le mur rouge à crête de faïence jaune de la ville impériale, sur cette cité créée pour elle, si douce à son cœur.

Une animation continuelle y régnait. Les artisans s'occupaient à leurs métiers. On tissait des étoffes, on découpait le cuir, on le teignait en bleu ou en pourpre, on brodait des tapis, on ciselait des bijoux. Des femmes voilées, par troupe, se rendaient aux bains. Ominah les entendait jacasser et rire. Elles étaient donc heureuses, ne regrettaient rien?...

Tout ce peuple était formé des prisonniers de guerre, et la jeune fille se disait que c'était par amour pour elle, que l'empereur les laissait vivre ainsi, presque libres, selon leurs mœurs, au lieu de les contraindre à de pénibles et humiliants travaux, sous le fouet de geôliers cruels. Elle devait donc remercier Allah, être heureuse de cette passion inspirée au maître, qui avait été pour elle un surcroît de douleur, mais dont les effets bienfaisants adoucissaient la captivité des siens.

D'ailleurs, en dépit d'elle-même, sa haine faiblissait, devant cet amour si constant et si attentif. Le mouvement qui l'avait jetée dans les bras de l'empereur venait d'un élan d'émotion sincère, et, depuis, un peu d'orgueil s'éveillait en elle d'être aimée ainsi, de régner si souverainement sur le cœur de celui devant qui tant de millions d'hommes tremblaient.

Elle souriait quelquefois à présent, faisait vibrer les cordes du rébab et chantait, sans trop de tristesse, des airs qui avaient bercé son enfance. Ou bien, couchée indolemment sur le divan, elle soufflait du bout des lèvres la fumée du narguilé et, prise d'un trouble étrange, d'une tendre langueur, elle n'osait s'avouer qu'elle attendait, avec une sorte de fièvre, l'heure qui la rapprocherait de l'amant, qu'absent même il était près d'elle, qu'elle allait l'aimer, que, peut-être déjà, elle l'aimait!... Et les flocons de fumée bleue lentement, par la fenêtre, emportaient sa rêverie.

Un soir qu'elle venait de se prosterner, en voyant paraître l'akhoum sur la terrasse de la mosquée, elle se releva vivement. Ce que chantait le prêtre, ce n'était pas la formule accoutumée, l'appel à la prière. Sa voix sévère disait d'autres paroles. Ominah écoutait, tremblante; c'était à elle, sans doute, qu'il les adressait.

— Ah! quel spectacle lorsque, par la main des braves, les anges ôtent la vie aux infidèles,

les frappent au visage et aux reins, en leur criant :

« Allez, chiens ! allez goûter au supplice du feu ! »

La jeune fille, épouvantée, se rejeta en arrière ; mais la voix irritée se fit plus haute, la poursuivit :

— Eh ! qu'importe, si vous mourez en frappant les ennemis de Dieu ? Le sentier du devoir mène au paradis, et la récompense sera digne de l'œuvre.

Ominah ferma la fenêtre et se jeta, défaillante et tout en larmes, sur le divan. Quoi ! à tant de bienfaits il fallait répondre par la trahison ?... Un meurtre ! C'est cela qu'on voulait d'elle ! Non, non ; maintenant que son cœur s'était ému, que sa haine pour un vainqueur aussi généreux s'était éteinte, elle ne voulait même pas penser à un tel crime.

Mais, chaque jour, au lieu de crier la prière, le prêtre lui jetait des imprécations et des reproches de plus en plus véhéments. Il lui rappelait les guerriers égorgés, les nobles princes de sa race traînés, la corde au cou, au triomphe du vainqueur, son père à jamais séparé d'elle, son pays ravagé et humilié. Puis il la menaça des flammes de l'enfer : elle serait damnée, puisqu'elle était la favorite d'un ennemi de Dieu et qu'elle ne cherchait pas à s'arracher à cette honte, par n'importe quel moyen. Qui sait? elle se complaisait dans l'ignominie, subissait l'amour du tyran, sans horreur, avec plaisir peut-être. Elle était l'opprobre de sa race!

Ominah s'affolait sous ces menaces et ces invectives.

Bientôt elle fut prête à tout pour y échapper. Mais que pouvait-elle? C'était sans doute pour éviter toute tentative de crime, rage ou vengeance de femme jalouse, que les bien-aimées du maître lui étaient toujours portées dépouillées de tout vêtement. Où se procurer une arme? et, l'ayant, comment la cacher?

L'akhoum sembla répondre à la pensée de la jeune femme : il lui jeta un poignard, en lui faisant signe de le dissimuler dans ses cheveux.

Mais, le soir, sans mot dire, les eunuques dénouèrent et palpèrent l'épaisse chevelure, en firent tomber le poignard.

L'empereur, évidemment, savait tout. Bien souvent, tenant Ominah dans ses bras, penché sur elle, il la regardait avec une persistance étrange, comme s'il voulait lire jusqu'au fond de cette âme troublée. Il semblait aussi la contempler comme pour prendre congé d'elle, comme pour graver à jamais dans sa mémoire l'image de cette beauté dont il ne se rassasiait pas. Quelquefois pourtant, la jeune femme, qui avait peine à soutenir l'intensité de ce regard, y voyait luire un éclat dur, terrible même : l'implacable vouloir de l'homme tout-puissant, accoutumé à tout dompter ou à tout briser. Palpitante, elle abaissait ses lourdes paupières, et, quand elle les relevait, de nouveau l'invincible tendresse noyait les yeux de l'amant.

V

Une nuit, dans la chambre de l'empereur, Ominah aperçut des ciseaux d'or, dont les pointes aiguisées brillaient. Ses yeux, comme fascinés, s'élargirent, arrêtés sur cette arme.

Khien-Long avait suivi ce regard, deviné la pensée criminelle, et la lame enfoncée dans sa chair ne lui eût certes pas fait aussi mal que cette certitude, pénétrant dans son esprit, qu'elle voulait le tuer. Un éclair sinistre avait jailli de ses prunelles, mais s'était éteint aussitôt, sous la montée brusque de quelques larmes, les seules qui aient jamais troublé l'éclat et l'orgueil de cet impérieux regard.

Vaincu par la haine invincible, le maître se jeta sur la couche, pour étouffer dans les coussins le sanglot qui lui crispait la gorge. Il était épouvanté de souffrir ainsi, de ne pas parvenir, malgré l'horrible effort, à arracher de lui cette passion qui l'amoindrissait. Et comme il la sentait mal domptée encore, en dépit de ce qu'il venait de surprendre, prête aux lâchetés du pardon !

Il s'était relevé sur un coude et regardait l'ennemie adorée, debout auprès du lit, si douloureusement belle, serrant pudiquement autour de ses flancs le satin pourpre d'où son corps, pâle comme le jade, émergeait à demi.

Non, aucun sentiment, jamais, n'avait approché de celui qu'elle lui inspirait. Les deux cents femmes de son harem ne lui avaient pas même fait pressentir qu'il fût possible. Celle-là lui révélait des sensations inconnues, faisait du dominateur impassible un homme tout frémissant d'amour et de fièvre, dont la volonté ployait devant un sourire, qu'un mot de tendresse eût rendu esclave. Et celle que, même rebelle, il aimait ainsi, il fallait la briser, la chasser de sa pensée, à jamais!

Avec une sorte de rugissement, où il y avait autant d'amour que de désespoir, il la saisit dans ses bras, l'étreignit, avec une violence folle, comme pour s'écraser le cœur, l'aspira de tout son souffle, afin de boire en une seule fois toute l'ivresse qu'elle pouvait donner.

Puis la frénésie de cette nuit, où pleurait un adieu suprême, s'alanguit dans un lourd accablement, qui submergea colère et rancune. Il n'était sûr de rien, en somme; peut-être s'était-il mépris en attribuant une pensée homicide au regard de la captive. Rien ne prouvait qu'elle fût coupable.

Il ferait émousser la pointe des ciseaux d'or, arrêter les branches, par une virole qui les empêcherait de se fermer, et, demain, on les replacerait au même endroit.

S'il s'était trompé, s'il avait soupçonné injustement la bien-aimée, il pourrait donc encore souffrir de cet amour, dont la torture, il le savait bien, était le meilleur de sa vie!

VI

La 21ᵉ nuit de la 4ᵉ lune, les eunuques de service sortirent, un peu avant la troisième veille, de l'appartement de l'empereur. Ils emportaient à pas lents un corps inerte, enveloppé dans un manteau rouge, hors duquel pendait une tête livide, aux longs cheveux, le cou serré par un cordon de soie jaune.

Le lendemain, à l'aube, selon un antique usage, le chef des eunuques alla faire son rapport aux censeurs impériaux. Il leur présenta le registre sur lequel on marque le temps dérobé par l'empereur au soin des affaires et consacré à ses plaisirs.

Ils lurent ceci :

« Tablette de jade : Rêve-Céleste, retournée.

« Ominah, introduite chez l'empereur à la deuxième veille, sortie, morte, avant la troisième veille. »

— Morte ! s'écria un des censeurs.

Mais le plus ancien lui fit, de la main, signe de rester calme.

— Remarquez, dit-il, que Sa Majesté n'a pas, pour ses plaisirs, prélevé plus d'une heure sur son sommeil : les affaires de l'Etat ne sauraient en avoir souffert, et nous n'avons rien à dire.

Près du Palais impérial, à Pékin, dans le quartier appelé **Hoei-Tzé-Ing**, c'est-à-dire le Camp musulman, elle existe encore aujourd'hui, toute délabrée et croulante, la mosquée construite par ordre de Khien-Long, et copiée exactement sur celle de Kachgar. Là où chantait le muezzin, d'innombrables corbeaux croassent lugubrement, à l'heure où le soleil couchant empourpre le ciel.

Dans l'enceinte même du palais, sur la colline, le pavillon de la belle captive se dresse toujours, et semble regarder, de ses fenêtres béantes, par-dessus le mur rouge à crête jaune, la ville qui s'émiette et la mosquée à jamais déserte. On a suspendu la tablette de jade dans le pavillon, où les belles étoffes tombent en poussière. Tout à l'entour, les arbres et les broussailles se sont resserrés, formant un rempart autour du kiosque en ruines, que l'on respecte comme un tombeau.

Peut-être l'ombre de la morte y revient-elle, quelquefois, pour lire, à la lueur pâle de la lune, gravé dans le jade indestructible, le nom que l'impérial amant avait choisi pour elle : **Rêve-Céleste !**

TABLE DES MATIÈRES

Zuleika	1
Le livre de Thot, conte magique	31
Bilkis	69
L'étoile aux cheveux d'or	79
Les quatre sages de l'Arabie	105
Leila	115
Toumadir la Solamide	131
La favorite de Mahomet	145
Les sévérités du khalife	159
Aly le Juste	177
L'entêtement de Zobeïde	195
Djémila	209
Le tapis des *Mille et une Nuits*	225
Les danseuses du sultan de Djogyakarta	237
Les seize ans de la princesse	249
Komati	269
L'éventail de deuil	287
Une favorite du Fils du Ciel	315

Coulommiers. — Imp. P BRODARD.

www.ingramcontent.com/pod-product-compliance
Lightning Source LLC
Chambersburg PA
CBHW050747170426
43202CB00013B/2334